D1731600

wahnsinnig reich

context
medien und
verlag
www.context-mv.de

„Nichts interessiert die Menschen so wie Geld. Wenn man sich persönlich oder beruflich mit Geld und Währung intensiv befasst hat, liest man das Werk der Autoren mit großem Interesse."

DR. THEO WAIGEL, BUNDESFINANZMINISTER A. D.

wahnsinnig reich

DAS BUCH ÜBER GELD, DIE KRISE
UND DIE MODERNE GESELLSCHAFT

VON ANDREAS BECK UND WOLF DIETER ENKELMANN

MIT EINER PERFORMANCE IN BILDERN
VON NICOLE WIEDINGER

INHALT

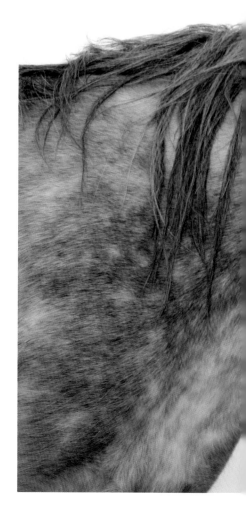

VORWORT

Hat Geldgier die Oberhand gewonnen? Nicht erst die Exzesse der Bankenkrise erzeugen Staunen. Goldman Sachs steht als Sinnbild für Raffgier, deutsche Landesbanken als Sinnbild für Dummheit. Die Milliarden an Gewinnen und Bonuszahlungen auf der einen Seite sind die Milliarden Verluste auf der anderen Seite. Jenseits dieses schillernden Nullsummenspiels steht die Realwirtschaft. Normale Menschen halten den Laden mit ständig sinkenden Einkommen am Laufen.

Warum das funktioniert, was eine Krankenschwester von einem Investmentbanker unterscheidet und worin wir wirklich reich sind – nach Lektüre dieses Buches sehen Sie klarer.

I   GEWONNEN! GELD ODER GLÜCK?

Studien zeigen, dass Geld zufrieden, aber sehr viel Geld dann wieder unzufrieden macht. Ungeachtet dieses sogenannten „Wohlstandsparadoxons" gilt Geldgier in unserer Gesellschaft eher nur als Kavaliersdelikt. Dabei ist sie ziemlich verrückt. In diesem Kapitel gehen wir dem Wahnsinn auf die Spur und erläutern, warum ab einem bestimmten Niveau Geld und Vermögen den in sie gesetzten Heilserwartungen nicht gerecht werden.

Nichts geht ohne Geld in modernen Gesellschaften, absolut nichts. Nur wo Geld fließt, zählen Hoffnungen etwas und blühen die Erwartungen. Nur da gibt es die motivierende Chance, sich von seinem nächsten Tag und der weiteren Zukunft etwas versprechen zu dürfen. Moderne Gesellschaften sind Wunschmaschinen und Kreditkulturen. Nicht allen geht es dabei allein nur ums Geld. Aber alle brauchen es. Geld schafft die Basis zur Teilnahme am gesellschaftlichen Leben, an seinem reichhaltigen Angebot an Gütern und hilfreichen Dienstleistungen, an Zerstreuung und an persönlicher Selbstverwirklichung. Kino, ein Konzertbesuch, ein gutes Restaurant oder ein Glas Whiskey in einer luxuriösen Bar, ein schöner Urlaub, elegante Kleidung, Zugang zu den exklusivsten Kreisen – um dergleichen genießen zu können, braucht es auch noch etwas mehr als Geld, doch steht all das erst ab einem bestimmten Einkommen offen. Unbeschränkte Liquidität – da muss die Freiheit wohl grenzenlos sein. Das Paradies ist nahe.

DER EINE WIRD VON DER GESELLSCHAFT AUSGEGRENZT, DER ANDERE GRENZT DIE GESELLSCHAFT AUS

Dennoch, wenn Geld alles wäre, wäre das Unglück vorprogrammiert. Bis zu einem ziemlich hohen Niveau kann, immer noch etwas mehr Geld auf dem Konto zu haben, tatsächlich glücklicher machen. Doch Geld hat einen Grenznutzen. Irgendwann kommt der Moment, wo mehr Geld nicht mehr zusätzliches Glück mit sich bringt. Ab einem bestimmten Punkt führt finanzieller Reichtum nicht zu mehr Integration, sondern zu Abgrenzung und Isolation.

Dieses als „Wohlstandsparadoxon" bekannte Phänomen konnte in zahlreichen Untersuchungen kulturübergreifend nachgewiesen werden[1]. Je größer die Villa, desto höher der Zaun. Am Swimmingpool sitzen die Kinder alleine auf ihren Teakholzstühlen. Im Freibad tobt der Bär, doch da dürfen sie nicht hin. Zu gefährlich. Der Ehepartner lebt latent oder offen mit der Unterstellung, die Zuneigung und Liebe nur zu heucheln und in Wahrheit, wie jeder andere auch, nur monetäre Interessen zu verfolgen.

Ab einem gewissen Niveau verkehrt sich der integrative Effekt von finanziellem Reichtum ins Gegenteil. Kein Geld macht einsam, da die Gesellschaft

Mittellose ausgrenzt. Viel Geld macht auch wieder einsam, da, wer reich ist, zwangsläufig beginnt, zum Schutz seines Reichtums umgekehrt die Gesellschaft auszugrenzen. Wer viel das Seine nennt, muss alle anderen davon ausschließen, damit er es ganz als das Seine empfinden kann. Wer darum weniger bemüht sein muss, hat umso mehr, was er teilen kann, weil er nur wenig davon ganz allein das Seine nennen kann.

DIE EINSAMKEIT DES REICHEN

Irgendwann ist mehr Geld einfach nur noch mehr Geld, ohne dass es noch irgendein Gefühl der Befriedigung auslösen könnte. Die Glücksverheißung bleibt unerfüllt. So individuell unverschuldet das ist, so unverstanden bleibt es häufig. So behelfen sich viele Vermögende, der Unzufriedenheit zu begegnen, indem sie die Ziele neu stecken. Sie entdecken dann zum Beispiel ihre Sammelleidenschaft. Sammeln aber ist im Grunde nichts anderes als eine künstliche Erzeugung neuer Knappheit. Ziel der Begierde sind Dinge, die auch mit viel Geld nur schwer zu erwerben sind. Es ist vor allem der Kunstmarkt, der diese Begierde bedient. Lieber als nur zum Brot geht die Kunst zum Kaviar. Hier kann sich der Zweck des Sammelns bestens erfüllen. Das Bedürfnis nach einem neuen Gefühl des Mangels und nach neuen Zielen, die es noch zu erreichen gilt, wird befriedigt und zugleich immer wieder neu befeuert. Auch der, dem eigentlich aufgrund seines Vermögens alles erreichbar ist, gerät in diesem Feld in eine Konkurrenz, die sein Begehren an die Grenze des Unerreichbaren führt.

Ein anderes Verfahren, künstlich Armut zu erzeugen, ist die Unterwerfung unter das eigene Vermögen – die klassische Strategie des Adels und erfolgreicher Unternehmerdynastien. Die Fabrik, Ländereien und sonstige Vermögensbestände dienen nicht mehr ihrem Eigner, sondern dieser dient jenen. Je mehr es ist, was es zu bewahren gilt, umso größer auch die Belastung. Vergleichsweise sorgenfrei in den Tag hinein lebt, so scheint es aus dieser Perspektive, nur noch die festangestellte oder verbeamtete Mittelschicht.

WAS BLEIBT? DIE VERGEBLICHE SUCHE NACH SICHERHEIT

Man kann machen, was man will, zuletzt gewinnen doch immer wieder Wünsche die Oberhand, deren Befriedigung nicht käuflich ist. Je mehr man bereits sein Eigen nennt und je höher der Lebensstandard, desto nachdrücklicher rückt natürlich der Wunsch nach Sicherheit ins Zentrum.[2] Und gerade das scheint dem finanziellen Reichtum dann doch noch eine echte Daseinsberechtigung zu gewähren: Das viele Geld wird als Reserve für den Notfall angelegt. Viele Konten und mehrere Wohnorte – man weiß ja nie. Indes, schon der alte Weise Solon von Athen warnte, dass auch der größte Reichtum das Sicherheitsgefühl nicht wirklich mehrt: *„Not überklettert die höchsten Zäune, sie fahndet nach jedem, wenn er auch sicher sich dünkt tief in der Kammer Versteck."*[3] Und Solon hatte mit dieser Warnung nicht erst jene im Blick, denen ihre Not über den Kopf wächst, bis sie sich nicht mehr anders zu helfen wissen, als auf brachiale Weise für „mehr Gerechtigkeit" zu sorgen. Er begriff die innere Ökonomie des Reichtums und wie er sich durch sich selbst in ein goldenes Gefängnis verwandeln kann, in dem mehr die Not und Sorge lebt als der Genuss und der Luxus.

DIE KUNST, REICH ZU SEIN

Reich zu sein bedarf es einer eigenen Kunstfertigkeit. Es beginnt mit der Preisgabe des Glaubens, dass mit Geld alles zu erreichen wäre. Nicht alles, was Wert hat, ist käuflich. Selbst von der Armut kann man sich auch mit noch so viel Geld nicht freikaufen. Man entrinnt, wie reich man auch ist, doch der Armut nicht. So erzählt es schon der alte Mythos von jenem erfolgsverwöhnten König Midas, dem alles, was auch immer er anpackte, zu Gold wurde. Der Philosoph Aristoteles kommentierte diese Verkehrung von Glück in Unglück mit den Worten, dass es um den Reichtum ja seltsam bestellt sei, wenn man über seine Bereicherung Hungers sterben könnte.[4]

Die Kunst ist, Quantität in Qualität zu verwandeln und Zahlen in ein „gutes Leben". Erst wenn sich Sachwerte in einen menschlichen Selbstgewinn verwandeln, kann der unendliche Schatz des Lebens erfahrbar werden. Wo auch immer man steht in der Statistik der Vermögen, immer besteht die Kunst darin, noch so arm sein zu können, dass man den Reichtum noch zu schätzen weiß und der Luxus begehrenswert bleibt, und doch auch so reich sein zu *können*, dass man sich nicht einfach arm *fühlt*. Diese Kunst kann sich keiner erkaufen. Auch der Reichtum bleibt ein Spiel zwischen Arm und Reich. So teilen alle mit allen über alle Unterschiede hinweg eine gemeinsame Aufgabe, nämlich zu erreichen, dass sie von allem, was sie haben und ihr Eigen nennen, auch etwas haben.

MASS UND UNERMESSLICHKEIT

Seit alters haben sich die Menschen die Frage gestellt, wo der Reichtum seine Grenze hat, oder ob er sich endlos steigern lässt. Eine Grenze hat er in seiner Verwendung, in seiner Umsetzung in ein gutes Leben, eine andere – und das ist sein tiefstes Mysterium – im Unermesslichen. „*Weißt du, wieviel Sternlein stehen?[...] Gott der Herr hat sie gezählet, daß ihm auch nicht eines fehlet*", lehrt man die Kinder singen. Und das Wertvollste, was es zu erreichen gibt, ist natürlich, was unbezahlbar ist. Seine Grenze hat der Reichtum allein in dem, worin er sich letztlich erfüllt, im Überfluss. So begehrenswert es auch erscheint, im Überfluss leben zu können, ist es in einer Gesellschaft, die aus gutem Grund alle Wertschätzung mit Leistung verbindet, doch die ultimative Herausforderung aller guten Geister. Wie wertschätzen, was niemand braucht und was zu nichts zu verwenden ist?

Es ist vollbracht, alle Ziele sind erreicht, es ist genug – das erst ist nach alter Lehre der wahre Reichtum.[5] Nun heißt dieses Genügen aber eben auch, seine eigene Zwecklosigkeit und Überflüssigkeit nicht nur zu ertragen, sondern zu genießen – und diese grenzenlose Erfahrung der Überwindung aller Not vergesellschaften zu können. Denn wer sein Schicksal mit niemandem mehr teilen kann, teilt auch selbst den unermesslichsten Reichtum nicht einmal mehr mit sich.

GENIE UND WAHNSINN

Man braucht also gar keine moralischen Kalküle, um zu sehen: Hemmungslose Geldgier ist letztlich schon an sich absurd. Um jeden Preis und ohne Rücksicht auf Verluste Abermillionen Euro oder Dollar erwerben zu wollen, zeugt nicht unbedingt von Genie, sondern ist – würden wahre Rechenkünstler sagen – eher ein Wahnsinn. Die Verlierer der Bankenkrise mussten es schon entgeistert hinnehmen, doch auch viele der Gewinner werden wohl noch erleben, wie sehr sie von allen guten Geistern verlassen waren.

Warum nun aber auch die Hoffnung, durch das Anhäufen von Geld und Vermögen immerhin wenigstens Zukunftssicherheit erreichen zu können, nicht erfüllt werden kann – dieser Frage gehen wir im folgenden Abschnitt nach.

VERWEILE DOCH! DU BIST SO SCHÖN!

Teure Sachen und schöne Dinge, stilsicher ausgewählt – hier ist er, der Wohlstand, unübersehbar. Paare, reifere, jüngere, Leistungsträger der Gesellschaft, die angekommen sind. Es fehlt an nichts. Was man haben kann, das haben sie. Es könnte auch mehr sein, doch braucht es das? Wohlsituierte Genügsamkeit, damit kann man leben.

Nicht alles ist gut. Hat das Glück etwa doch öfter an anderen Türen geklingelt? Es ist weniger Lieblosigkeit denn Einsamkeit, Ratlosigkeit, die Yolanda del Amos Porträt der guten Gesellschaft offenbart. Scheuen die Paare sich, einander in die Augen zu sehen? Meiden sie den Blick in die Kamera? Ist ihnen der „Augenblick" suspekt? Sie halten still, ewig schon – als warteten sie auf ein Zeichen, das Erlösung bringt.

II   MEIN, DEIN ODER – DAS GELD

Papiergeld, das ist nie ganz sicher. In diesem Kapitel zeigen wir, dass das nicht am Papier liegt. Es offenbart vielmehr die grundsätzliche Unsicherheit des rechtlichen Konstrukts „Privateigentum". Das Recht auf Eigentum steht und fällt mit dem Vertrauen der Bürger ineinander und mit der Macht des Staates. Die Macht des Staates wiederum steht und fällt mit der gesellschaftlichen Akzeptanz. Ob mein Vermögen mein Vermögen ist, entscheidet die Gesellschaft, nicht ich allein und auch nicht mein Anwalt.

Es ist an der Zeit, sich zu fragen, was Geld eigentlich ist. Die Meinungen gehen da ziemlich weit auseinander, selbst unter Ökonomen. Blickt man auf die Anfänge zurück, dann scheint es ganz einfach zu sein: Das Geld, wie wir es kennen, war ursprünglich eine Ware wie jede andere, die sich allerdings angesichts ihres hohen Wertes bei geringem Portabilitätsaufwand besonders eignete, die Transaktionen auf den Märkten zu erleichtern. Gold zum Beispiel. Ohne ein solches von allen Beteiligten akzeptiertes Medium ist man ja unter Umständen gezwungen, sich auf eine ganze Kette von Tauschgeschäften und einen schwer kalkulierbaren Transportaufwand einzulassen, um sich am Ende für das Gut, das man selbst entbehren konnte, doch noch das einzuhandeln, dessen man bedurfte.

Bereits bei Aristoteles findet sich diese Vorstellung.[6] Deswegen wird er in der Literatur auch immer wieder als Ahnherr und Zeuge für die Wissenschaftlichkeit dieser Theorie aufgerufen. Doch Aristoteles trägt über die Eigenschaften des Geldes auch noch ganz andere Erkenntnisse zusammen, die in der einfachen Gleichsetzung von Geld und Gold nicht aufgehen. Im Geld materialisiert sich eine Menge mehr an Intelligenz, als das Gold mit seinem Tauschwert hergibt. Geld ist eine Kopfgeburt. Es ist mehr die Investition eines Gedankens in die Wirklichkeit als umgekehrt einfach nur die faktisch unausweichliche Konsequenz des geschichtlichen Fortschritts.

So plausibel die Ableitung des Geldes von der Ware Gold auch erscheinen mag – insbesondere angesichts dessen, dass wir Geld heute ja mehr denn je tatsächlich als eine Ware kennen, mit der man gut Geschäfte machen kann – so sehr spricht aber doch etwas sogar ganz Entscheidendes dagegen. Denn auf diesem Wege ist es ganz unerklärlich, wie man sich jemals auf ein materiell völlig wertloses Papiergeld und all die Surrogate, die heute gebräuchlich sind, hat einlassen können.

DIE GEBURT DES GELDES AUS DEM KREDIT

Inzwischen gibt es daher bessere Erklärungen. Die Sozial- und Wirtschaftswissenschaftler Gunnar Heinsohn und Otto Steiger zum Beispiel haben zeigen können, dass der originäre Vorläufer des Papiergeldes nicht das Gold, sondern der Wechsel ist.[7] Ein Wechsel ist im Gegensatz zu Gold keine Ware, sondern ein Vertrag, der dem Inhaber des Wechsels einen bestimmten Anspruch auf das Eigentum eines anderen garantiert. Entscheidend für die Güte eines Vertrags ist ursprünglich allein die Zuverlässigkeit, die Bonität der Vertragspartner und natürlich, dass der Vertrag etwas einbringt. Irrelevant ist die Qualität des Papiers, auf das der Vertrag gedruckt wurde. Ihn auf Gold zu drucken, wäre ziemlich verrückt – oder Idee und Werk eines Künstlers.

Inzwischen ist aus diesem einfachen Ursprung des Gläubiger-Schuldner-Kontraktes ein weltumspannendes und aufgrund seiner inneren Dynamik nahezu unendlich wachsendes System geworden, aus dem es für niemanden ein Entkommen gibt, der mit der Welt ins Geschäft kommen will. Aus dem Kredit beginnt das Geld seinen Eroberungszug um die Welt, nicht aus seiner Funktion, die es zur Erleichterung von Tauschgeschäften hat.

MEHR MACHT DEM WÜNSCHEN – FRAGEN WIR DIE DICHTER

Doch hat sich die Welt darüber sehr verändert. Dafür hatten schon früh die Dichter ein gutes Gefühl. Bereits Shakespeare stellt in seiner Komödie „Der Kaufmann von Venedig"[8] dar, wie der Kredit geschlossene gesellschaftliche Hierarchien und festgefügte Machtverhältnisse auflöst. Der Jude Shylock repräsentiert all jene, die aus dem gesellschaftlichen Establishment ausgeschlossen blieben, könnten sie nicht Kredit gewähren. Shakespeare ahnte also voraus, wodurch sich geschlossene Ökonomien derer, die sich untereinander kennen und ihrer Besitzstände allzu sicher sind, in eine offene „Weltökonomie" verwandeln, an der potenziell alle teilnehmen können und die allen, wie der Nobelpreisträger Muhammad Yunus mit seiner Idee der Mikrokredite gezeigt hat, zu Chancen verhilft, ihre Lage zu verbessern, die sie sonst niemals hätten.[9]

Und bereits Goethe strich im zweiten Teil des „Faust" diese „Alchemie" von Haben und Nichthaben, von Armut und Reichtum, die im Kredit liegt, besonders heraus. Die Hoffnung der alten Alchemisten war, Wertloses in Wertvolles verwandeln zu können. Und dazu eignet sich nichts besser als der Kredit. Er ist der Stein der Weisen, nach dem die Alchemisten gesucht hatten. Wem Kredit gewährt wird, der hat damit in gewisser Weise mehr, als er hat und womit er etwas anfangen kann. Er kann auch gar nichts haben außer einer vielversprechenden Idee, einen Instinkt für die erfolgreiche Verwirklichung dieser Idee und das nötige Maß an Tatkraft und Entschlossenheit. Der Kaiser, der bei Goethe den Prozess der Geldschöpfung auslöst, hat sogar weniger als nichts, nämlich nur noch Schulden, die ihn in den Abgrund zu reißen drohen. Aber er maßt sich mit den Schuldscheinen, die er ausgibt, die Souveränität an, die sich heute jeder Bürger zubilligt: nämlich sich von sich etwas versprechen zu dürfen und auch anderen etwas versprechen zu können, das sich verzinsen wird.[10]

Friedrich Nietzsche ging dann noch einen Schritt weiter. Für ihn ist der Mensch *„das Thier, das versprechen darf"*. Sich auf Gläubiger-Schuldner-

Beziehungen einzulassen, ist demnach also das, was den Menschen überhaupt erst zum Menschen macht, genauer: zu einem freien, souveränen Wesen.[11] Denn das Kreditwesen verhilft dem Wünschen, der Phantasie und dem Vertrauen in die Zukunft zu einer ganz eigenständigen Macht gegenüber allen vorgegebenen Realitäten. Man kann etwas werden, was man nicht gewesen ist, und Dinge entstehen lassen, die es nicht gab. So ist leicht zu verstehen, dass das Geld zu einem solchen Welterfolg hat werden können, dass heute nichts mehr geschieht, ohne dass dieses Medium der Kreditwürdigkeit im Spiel wäre. Dieser faustische Pakt hat aber auch eine Kehrseite. Es ist gewissermaßen ein Pakt mit dem Teufel und kann, so Goethe, die Seele kosten oder, wie der St. Galler Ökonom und Philosoph Hans Christoph Binswanger es ausdrückte, die Welt mit all ihren Ressourcen zu einem reinen *„Goldbergwerk"* veröden.[12]

GELD ALS STAATLICH GARANTIERTES ANRECHT AUF EIGENTUMSERWERB

Heute wird Geld von staatlichen Institutionen ausgegeben und staatlich garantiert. Aber es dokumentiert im Grunde noch immer wie am Anfang ein privates Anrecht auf Eigentum. Die Deckung des Geldes liegt im Eigentum und in der ihm eigenen Dispositionsfreiheit, die in ihren Folgewirkungen weit über gewöhnliche Verfügungsgewalt über den eigenen Besitz hinausgeht. Es ist der Kreditkontrakt, in dem das Eigentum – ungeachtet all der nützlichen Eigenschaften, die es in Form des Besitzes hat[13] – erst sein ganzes „Vermögen" entfaltet. Da es dadurch zu bewertetem Eigentum wird, ist diese Deckung aber nie eindeutig festgelegt, denn die jeweilige Bewertung kann sich eben auch ändern. Und das ist dann auch der Ursprung jener Spekulationen, die immer wiederkehrend solche Probleme wie in den letzten Jahren machen.

Da nun unser modernes Papiergeld staatlich garantiertes Anrecht auf Eigentum ist, steht und fällt der Wert des Geldes mit der Fähigkeit des Staates, diese Garantie zu gewährleisten. Die Geschichte hat gezeigt, dass man sich darauf nicht absolut verlassen kann. Und das gilt nicht nur für das Geld, sondern auch für seine Deckung, das Privateigentum. Selbst der unverrückbarste Immobilienbesitz ist ebenfalls nichts anderes als ein staatlich, nämlich durch das Grundbuch, garantierter Vertrag. Gerät ein Staat ernstlich in eine existenzielle Krise, dann ist nicht nur das Geld, sondern auch das Eigentum gefährdet. Dass es so weit nicht kommt, also der Staat handlungsfähig und mächtig bleibt, liegt so im dringendsten Interesse gerade der Vermögenden.

EIGENTUM DIENT DER GESELLSCHAFT WIE DIE GESELLSCHAFT DEM EIGENTUM

Eigentum verpflichtet, so steht es im deutschen Grundgesetz, zu sozialer Verwendung. Viele halten das für eine Art Kompensation für den Reichtum, die aber mit dem Eigentum an sich nichts zu tun hat. Aber das liegt bereits in dessen Wesen begründet. Man hat – das ist der Vorteil, der es so schützenswert macht – noch mehr davon, als dass man es einfach nur hat, wenn man miteinander etwas damit anfängt, indem man es immer wieder neu in Gläubiger-Schuldner-Kontrakte einbringt. Und die Garantie des Staates ist die an diese Institution zur konkreten Umsetzung übertragene Garantie der Bürger untereinander, sich ihr Eigentumsrecht an ihren Sachen – wie auch an ihnen selbst, denn wem auch sonst nichts gehört, der gehört doch wenigstens sich selbst[14] – gegenseitig nicht mit Gewaltmitteln streitig zu machen.

Der Staat ist nun aber weder der allmächtige Supereigentümer aller Privateigentümer noch ein Eigentümer eigener Art neben ihnen.[15] An sich ist er ein Habenichts und gar nicht in der Lage, irgendetwas zu garantieren. Es sei denn, die Bürger verzichten auf Gewaltanwendung und übertragen sie als Monopol an die Institutionen „ihres" Staates. Das tun sie natürlich aber nur, solange sie ihn auch als „ihren" Staat empfinden – und einander vertrauen.

Eine absolute Bestandssicherheit kann also ein Staats- und Wirtschaftssystem, das auf in Geld ausgedrückten Krediten basiert, niemals gewähren. Denn solche Kontrakte gründen letztendlich in Wünschen, in Versprechen und Spekulationen auf die Zukunft. Sie sind damit notwendigerweise volatil. Die zyklischen Finanzkrisen zeigen, wie sehr das Verhältnis zwischen den zirkulierenden Anrechten auf Eigentum und der Deckung durch dieses Eigentum – entweder um den Wert des Eigentums oder um die Menge des Geldvermögens exzessiv zu steigern – gnadenlos überdehnt werden kann. Das kommt als weiterer Unsicherheitsfaktor hinzu. Aber auch die politische Willensbildung spielt eine gewichtige Rolle.

NICHT FREIHEIT GEGEN SICHERHEIT, SONDERN SICHERHEIT DER FREIHEIT

Die freie Eigentumswirtschaft ist stets vom Untergang bedroht. Die gewaltsamen und kleptokratischen Machtergreifungen der Bokassas dieser Welt führen das plastisch vor. Aber auch unter demokratischen und rechtsstaatlichen Bedingungen kann das Recht auf Eigentum in Teilen oder vollständig außer Kraft gesetzt werden, um von der Regierung beschlossene gesellschaftliche Ziele zu befördern. Man denke an die Einführung der Rentenmark in den 1920er Jahren[16], die Enteignung in Ostdeutschland oder den Lastenausgleich in Westdeutschland in den 1950er Jahren. Eigentum ist also ein in vielfältiger Hinsicht fragiler Pakt, der in der Geschichte bisher jeweils nur kurze Zeit funktioniert hat. Wenn wir es nun erhalten könnten, dann hätten wir eine große Leistung vollbracht.

So sollte oberstes Interesse des Vermögenden nicht der finanzökonomische Exzess, sondern die Aufrechterhaltung einer stabilen Gesellschaft sein. Und doch brach sich, kaum dass der Finanzmarkt dereguliert wurde, eine maßlose Gier ihre Bahn. Im nächsten Kapitel geht es nun nicht einfach ums Geld, sondern speziell um die Gier nach Geld.

BECAUSE YOU CAN

Irrlichternd erhebt sich Dubai aus der Wüste. Thomas Weinberger, der Fotograf, weiß, was er sieht, und taucht Tag und Nacht in ein synthetisches Licht. Das braucht es hier. Wo Geld zusammenfließt, zählen diese Unterschiede nichts. Und welche Menschen zählen noch, und welche nicht?

Alles ist machbar, nichts ist unmöglich. Glaube versetzt Berge und Weltstädte in die Wüste. Heute baut man auch auf Sand Türme, die in den Himmel wachsen. Dubai jedenfalls ragt – fast ist es Magie – weniger aus der Vergangenheit in die Zukunft als aus der Zukunft in die Gegenwart. Oder wird am Ende doch auch hier die alte Weisheit siegen: „Denn aus Staub bist du gemacht, zum Staub musst du zurück."

III   DAS MÄRCHEN VON DER EWIGEN GIER

Wäre Gewinnsucht das Wesen des Menschen, dann wäre die Geldgier nur allzu menschlich. Der Investmentbanker wäre ein ganzer Kerl und die Krankenschwester hätte nicht verstanden, worauf es ankommt. Wie aber steht es wirklich mit dem Gewinnstreben als Wesensmerkmal der Menschheit? In diesem Kapitel wagen wir einen Blick in die Völkerkunde und werden sehen: Es gab alternative Kulturen des Wirtschaftens – und genau betrachtet gibt es sie immer noch.

Die moderne Ökonomie geht mit großer Selbstverständlichkeit davon aus, dass Gewinnmaximierung die natürliche Basis aller menschlichen Interaktion sei.[17] Nach Aristoteles ist, was heute als die allgemeine gesellschaftliche Triebfeder gilt, allerdings nur das logische Prinzip und der natürliche Zweck des Händlers, genauer sogar eigentlich nur des Fern- und Großhändlers.[18] Überall fremd und nirgends zu Hause, kann er Erfolg und Wert seiner Arbeit eben nur im Ausmaß seiner finanziellen Erträge bemessen. Für die moderne Wirtschaftswissenschaft indes ist dieses Prinzip, mit dem sich nach Aristoteles nur ein bestimmter Teil des gesamtgesellschaftlichen Wirtschaftsbetriebes beschreiben lässt, ein universales ontologisches Wesensmerkmal des Menschen schlechthin, gültig für alle Zeiten und über alle Kulturen hinweg vom ersten Menschen in grauester Vorzeit bis zum modernen Investmentmanager in der Londoner City.

Was immer der Mensch tut, lässt sich aus diesem „Natur"gesetz ableiten. Ohne Ausnahme. Selbst die Liebe unterliegt dem Ziel eigennütziger Gewinnmaximierung. Ein Mann trifft eine Frau, die am Partnermarkt höher als er selbst bewertet wird und so bestens in sein „Beuteschema" passt, und er verliebt sich. Umgekehrt gilt das Gleiche. Und die Internet-Partnerbörsen helfen heute, den Transaktionsaufwand zu minimieren.

So neu ist das indes nicht. Der deutsche Philosoph Georg Wilhelm Friedrich Hegel sah es schon zu seiner Zeit, im Zeitalter Napoleons und in der Anfangsphase der geschichtlichen Emanzipation des Bürgertums, voraus: „*In der bürgerlichen Gesellschaft ist jeder sich selbst Zweck, alles andere ist ihm nichts*" oder nur „*Mittel zum Zweck*".[19] Man mag dieses Bild, das Hegel von der bürgerlichen Gesellschaft malte, für übertrieben halten oder auch nicht, wesentlich ist, dass dieser absolute Eigennutz nach seiner Erkenntnis nur eine bestimmte epochale Form ist, in der der Mensch das Wesen seines Begehrens zu begreifen und zu verwirklichen sucht. Es ist ein Schritt auf dem Wege der Menschheit, ihre „Wahrheit" und ihr Glück zu finden, keinesfalls aber eine übergeschichtliche und unveränderliche conditio sine qua non menschlichen Daseins überhaupt und schon gar nicht dessen Vollendung. Und heute, wo stehen wir?

DER TAUSCH UND DER HANDEL – DAZWISCHEN LIEGEN WELTEN

Blicken wir aber zuvor weiter in die Kulturgeschichte zurück und dabei auch über die Grenzen Europas hinaus. Dann löst sich nämlich auch noch eine andere nahezu unangefochtene Annahme der Wirtschaftswissenschaften in Luft auf. Nämlich, dass es einen automatischen und bruchlosen Übergang vom Gütertausch zur Geldwirtschaft gegeben hätte. Das ist nicht der Fall. Längst hat die Ethnologie als Mythos entlarvt, dass etwa die Südseeinsulaner einst mit Muscheln so, wie wir das kennen, als wären sie Gold oder Geld, für „eine Ware bezahlt" hätten.

Die Forschungen haben gezeigt, dass in archaischen Gesellschaften von einem gewinnorientierten Handel im heutigen Sinne kaum gesprochen werden kann. Man hat keine Kuh gegen zwei Stühle und einen Tisch getauscht, um daraus einen Mehrwert zu erzielen, sondern eben nur um dieses Tausches willen. Zwischen dem Tausch und dem Handel, beziehungsweise zwischen einem Handel um des Tausches und einem Tausch um des Handels willen, liegen Welten. Wo die Güter in Form von Gabe und Gegengabe ausgetauscht werden, liegt der Gewinn allein im Gebrauch des eingehandelten Gutes sowie in der, wenn es ein guter Tausch war, daraus folgenden Wertschätzung für den Tauschpartner. Darüber hinaus gibt es keinen Mehrwert.[20]

Im Prinzip kann in der reinen Tauschwirtschaft ein Gut natürlich auch für immaterielle Güter eingesetzt werden. Das Tauschgut hat dann einen symbolischen Effekt. Ein solches immaterielles Gut sind etwa die Beziehungen selber, die durch den Tausch der Sachen entstehen. Das Knüpfen und die Festigung freundschaftlicher Verhältnisse mit anderen Sippen oder Stämmen kann so zum eigentlichen Tauschgut werden. Dabei spielen dann ansonsten zweckfreie Muscheln, Perlen oder Goldstücke eine bedeutende Rolle. Zum Vorläufer unseres heutigen Geldes konnten sie so aber niemals werden.

Jenen Handel, der durch den „Code der Zahlung"[21] die Interaktionsbeziehung auf unseren Märkten in uns heute so angenehm erscheinender Weise immer gleich wieder in Gleichgültigkeit auflöst, gibt es nicht, wo das Gastgeschenk dem Austausch unter den Menschen seine Form gibt. Die „Gabengesellschaften", wie die Ethnologie diese Kulturen nennt, schufen über den Tausch von symbolischen Gütern wie etwa Muscheln im Gegenteil eine permanente und unauflösliche Verbindlichkeit. Denn auf die Gabe folgte aus dem Tauschgebot der Reziprozität notwendigerweise ein unbedingtes Gebot der Erwiderung derselben, und immer so fort.[22]

DAS LOB DES KRIEGERS UND DAS PROBLEM DER ÜBERPRODUKTION

Aber auch in der europäischen Kulturgeschichte gibt es Zeugnisse für ganz andere Auffassungen von den Formen und Erfordernissen rechten Wirtschaftens, die der modernen Wirtschaftswissenschaft widersprechen. Homer zum Beispiel schildert in der „Odyssee", welche Vorstellung seine Zeit davon hatte, wie man in rechter Weise zu seinem Ziel kommt. Als Odysseus auf seiner Irrfahrt beim Volk der Phäaken landet, erregt er dort erst einmal Verdacht: *„Nein, wahrhaftig, o Fremdling, du scheinst mir kein Mann, der auf Kämpfe sich versteht [...], sondern [...] etwa ein Führer des Schiffs, das wegen der Handlung umherkreuzt, wo du die Ladung besorgst und jegliche Ware verzeichnest und den erscharrten Gewinst! Ein Kämpfer scheinst du mitnichten.“*[23] Ein Krieger hätte bei ihnen jene Ehre eingelegt, die für den Händler völlig unerreichbar erscheint.

Geht es hier aber immerhin noch um die Frage, auf welche Weise einer erwirbt, wessen er bedarf, findet sich in unzähligen Geschichten ein ganz anderes wirtschaftliches Problem als das, welches wir heute selbstverständlich als auf ewig vorgegeben erachten. In diesen Geschichten ist nämlich nicht der Mangel das entscheidende Problem, das zu lösen ist. Ganz im Gegenteil, die Überproduktion und der Überfluss sind es, die – notfalls auch mit drastischen Maßnahmen – in den Griff zu bekommen sind. Ein berühmtes Beispiel ist der Mythos von Gaia, der Mutter Erde, der aufgrund der enthemmten Zeugungskraft des großen Ouranos, des „himmlischen Vaters" jener alten Kultur, ihre eigene Fruchtbarkeit zu viel wird. Sie versucht, das Problem an der Wurzel zu packen, indem sie eines ihrer unzähligen Kinder, nämlich Kronos, überredet, den Vater zu entmannen.[24] Ähnlich finden sich auch in der alten ägyptischen und persischen Kultur sowie in der Mesopotamiens viele Anzeichen dafür, wie wenig hier die Gewinnorientierung das vordringliche Thema war, sondern die Frage, wie denn die überbordende Produktivität der Natur, der Götter und der Menschen unter Kontrolle zu bringen und zu entsorgen wäre. Fragen des Tausches treten demgegenüber weit in den Hintergrund.

DER SPRUNG VON EINER GABEN- ZUR GELDGESELLSCHAFT

Zwischen diesen Vorstellungen oder der Tauschkultur der archaischen Gabengesellschaften und der modernen Geldwirtschaft gibt es keinen kontinuierlichen Übergang. Diese Kulturen trennt vielmehr ein radikaler Bruch der wirtschaftlichen Gepflogenheiten.[25] Was aber wohl bleibt und die Zeitenwenden überdauert, ist das Erbe des tiefen Wissens, dass das wahre Mysterium der Kunst des Wirtschaftens wohl weniger das Nehmen ist als die Gabe, ohne die es nichts zu nehmen gäbe. Daher wohl auch die Spruchweisheit: *„Geben ist seliger denn Nehmen."*

Wenn nämlich alles Wirtschaften damit anfinge, dass alles da ist, was man braucht, und man also je schon etwas zu verwerten *hätte*, dann wären alle, die nichts haben, von vornherein und auf Dauer aus dem Spiel. So war es etwa in Sklavenhaltergesellschaften der Fall und unter Herrschaftsverhältnissen, in denen Leibeigenschaft als akzeptable Daseinsform galt. Und diejenigen, die etwas haben, müssten sich fragen lassen, auf welche Weise sie zu ihrem Besitz gekommen sind, wenn die Antwort nicht auf der Hand läge: Mit Gewalt und nicht durch wirtschaftliche Geschäfts- und Erwerbstätigkeit.[26] Wirtschaften, die allein in der Verfeinerung der Kunst des Nehmens ihre entscheidende Produktivkraft sehen, basieren auf Ausbeutung und führen notwendigerweise zu einem durchgreifenden Raubbau an der Natur und allem sonst, was unter die Verfügungsgewalt des Besitzers gerät.

Erst die Rückführung des Nehmens auf das Geben verwandelt solche Bemächtigungsstrategien in ein autonomes Wirtschaften, das die Produktion all dessen, was es zu verwerten trachtet, in sein Geschäft mit einbezieht. Und was ist diese ursprüngliche Verausgabung, die der Ökonomie ihren Grund gibt? Nach gängiger Auffassung ist das die Arbeit. Aber spätestens die ökologischen Probleme unserer Tage zeigen deutlich, dass das zu kurz greift. Wenn es um die Gabe alles Gegebenen geht, wird es philosophisch. Und so spürte etwa der französische Philosoph Jacques Derrida dem Mysterium dieser *„Gabe"* nach, *„die es nicht gibt"*, die aber dennoch und gerade so die Quelle aller Produktivität und von allem, was es gibt und je noch geben wird, ist.[27] Und in dieser Richtung wird wohl tatsächlich auch der Schlüssel für die Wirtschaft der Zukunft zu finden sein. Aber kehren wir zur Gegenwart zurück.

In der modernen Geldgesellschaft macht man sich nicht wie in der alten Gabengesellschaft unmittelbar voneinander, sondern vom Gelde abhängig. Und Verausgabungsbereitschaft erscheint eher als bloße Notwendigkeit denn als etwas, das Vergnügen bereiten kann. Sie steht, ohne Eigenwert, ganz im Dienst des Nehmens. Erst wo der Tausch vom Handel abgelöst wird, wird auch das Streben nach einem monetären Vorteil zur treibenden Kraft. Führende Vertreter des Wirtschaftsliberalismus wie Milton Friedman stehen dementsprechend auf dem Standpunkt, dass es *„die soziale Verantwortung der Wirtschaft sei, den Gewinn zu maximieren"*[28]. Ausschließlich das und nichts anderes ist ihr damit auch das leitende gesellschaftliche Ethos. Anonymisierte, weil börsennotierte Großunternehmen lassen sich weithin von dieser Maxime leiten. Regelrecht gelebt wird sie von den „Masters of the Universe" der Finanzindustrie.[29]

DIE GELDGESELLSCHAFT: FRÜHER GAB ES SIE NICHT – UND HEUTE?

Walter Benjamin, ein freier Kopf und, zugegeben, auch kein vorbehaltloser Freund des „Kapitals", sah im Kapitalismus eine Kultreligion.[30] Alles hat nur in Beziehung auf den Kultus der Gewinnmaximierung Bedeutung. Aber dieser Kultus wirkt im Unterschied zu anderen Religionen nicht sühnend, sondern verschuldend. Gewinnmaximierung als Grundprinzip macht Schuld universal. Alle schulden alles einschließlich ihres Kapitals allein der Gewinnmaximierung.

Doch reflektierte Walter Benjamin wie alle anderen seinesgleichen damit ja nicht kritisch die Maßstäbe seines eigenen ökonomischen Verhaltens. Er sah sich durch die Macht dieses Kultes vielleicht unter Druck gesetzt, lebte selbst aber in seinem Dichten und Denken wie seinem ganzen Dasein eine ganz andere Ausrichtung. Es geht also auch anders. Nachdem ethnologische Forschungen offengelegt haben, dass sich die Ökonomen schon in der Beschreibung der Historie geirrt haben, irren sie vielleicht auch in der Beschreibung der Gegenwart, die wir nun im Folgenden einmal genauer betrachten wollen.

WARTEN AUF GODOT

Kisten umsegeln die Welt. Millionen, wer wüsste sie noch zu zählen. Unaufhörlich sind sie unterwegs über die Ozeane, von Hafen zu Hafen und dann über Land, heimatlos, immer weiter, hin und wieder zurück. Nie kommen sie an, aber die Kasse, die wird doch wohl klingeln.

Die Container-Terminals sind die Umschlagplätze des Welthandels. Fast der ganze Reichtum der Menschheit hat eine Reise im Container hinter sich. Vom Unikat höchster Ingenieurskunst bis zur Massenware, alles Güter, die irgendwem wert und teuer sind – wie auch dem Fotografen Hartmut Nägele. Nun stehen sie hier, vorübergehend, hoch gestapelt in überbordender Fülle, wie Geschenkboxen, so weit das Auge reicht, und warten.

IV   GEBEN UND NEHMEN ODER – DIE GESELLSCHAFT

Wir nähern uns in diesem Kapitel dem Kern der Frage, was einen Investment-banker von einer Krankenschwester unterscheidet. Die Antwort: Das Regel-werk, welches sie jeweils der Gesellschaft unterstellen. Der eine lebt nach den Maximen der Geldwirtschaft und geht davon aus, dass sie für alle gelten. Die andere braucht das Geld zwar auch, folgt in ihrem Alltag aber ganz anderen Geboten: Geboten der Verausgabung. Wie aber wollen wir eigentlich leben?

Zugegeben: Die archaischen Reinkulturen der Gabengesellschaft waren in eigener Art komplex. Die vielfältigen impliziten Verpflichtungen, die sich über die Ketten von Gaben und Gegengaben akkumulieren, konnten sich über-schneiden und zu unlösbaren Konflikten aufschaukeln. Verquickungen von Schuld und Unschuld, Weltuntergang und Götterdämmerung – eine Vielzahl von Mythen und Sagen beschreibt Ängste vor den Folgen unentrinnbarer Kon-flikte.[31]

MEIN BANKKONTO SCHAFFT SICHERHEIT?

Da bietet die Gesellschaft, die ihre Beziehungen über Marktwirtschaft und Geld vermittelt, schon einige Erleichterungen. Wo Geld der universelle Maß-stab ist, werden alle berechenbar.[32] Jeder wird käuflich, aber es muss auch kei-ner mehr etwas machen, ohne dass ihm das etwas einträgt. Dass die Markt-teilnehmer prinzipiell vom gleichen Motiv gesteuert sind und in allem ihren Vorteil nicht aus dem Blick verlieren, steigert die Effizienz zusätzlich. Der Wert von allen und allem lässt sich objektiv schätzen. Das schafft Planungs-sicherheit und macht das Leben kalkulierbar. Nichts gibt es mehr umsonst, man muss für alles bezahlen. Aber es ist auch nichts umsonst getan, wo nur das gemacht wird, was sich auch lohnt und, statt nur den Aufwand zu kom-pensieren, darüber hinaus einen Ertrag bringt.

   In einem gut gefüllten Bankkonto liegt so viel mehr Sicherheit als in sozialen Beziehungen, die von unüberschaubar vielen Unwägbarkeiten aller Art geprägt sind und jederzeit überraschend kippen können. Wen bringt der „Code der Zahlung" nicht alles in einen problemlosen Verkehr miteinander? Viele kämen, hätten sie nicht diese Möglichkeit, kaum so weit miteinander klar, auch nur die einfachsten Dinge gemeinsam zu regeln.[33]

   Doch der Schein trügt. In Wahrheit gibt dieses Bild nur einen Ausschnitt unserer Wirklichkeit wieder, und es wäre schlimm, wäre es anders. Setzte in unserer Gesellschaft allein der Opportunismus persönlicher Gewinnmaxi-mierung die Maßstäbe, dann wäre es um Lebensqualität und jene kreative Freiheit, die die wichtigste Ressource auch des Gewinnstrebens ist, bald geschehen.[34] Zum Glück sind in unserem Alltag aber noch ganz andere Wertvorstellungen im Spiel. Ginge es allen nur noch ums Geld, gäbe es bald nichts mehr, womit man Geld machen könnte, und auch nichts, wofür sich das lohnte.

ARBEITSTEILUNG SCHAFFT FREIHEIT UND REICHTUM

Entscheidend befeuert wurde der Siegeszug des Geldes durch die Arbeitsteilung. Nichts ermöglicht in einem solchen Ausmaß die Differenzierung und Aufteilung der gesellschaftlichen Arbeit auf viele Hände wie die Geldwirtschaft. Heute erzeugt jeder nur noch den kleinsten Teil von dem, was er zum Leben braucht, selbst. Fast alles kauft er ein. Sehr viele sind tagtäglich mit Dingen beschäftigt, die sie selbst niemals brauchen. Ohne ein anonymes Medium, wie es das Geld ist, lässt sich zwischen dem, was der eine tut, und dem, was andere leisten, nicht mehr vermitteln. Wäre man allein auf das Vertrauen in Menschen, die man persönlich kennt, angewiesen, müsste man verhungern. Geschweige denn, dass man all die sonstigen vielfältigen Bedürfnisse befriedigen könnte, die zum überwiegenden Teil auch erst infolge fortgeschrittener Arbeitsteilung haben entstehen können.[35] Wer nur aus seinem unmittelbar eigenen Besitzstand schöpfen kann, ist notwendigerweise ungleich bescheidener in seinen Wünschen, als es selbst noch der Ärmste in der arbeitsteiligen Gesellschaft ist. Neben Tisch, Herd und Bett darf deshalb heutzutage zumindest auch das TV-Gerät nicht gepfändet werden.

Schon mit Beginn der Industrialisierung hatte man befürchtet, dass die zunehmende Partikularisierung der Arbeitstätigkeit zu Entfremdung und Mechanisierung des Menschen führen würde[36], wie es dann in der Fließband- und Akkordarbeit, die heute vielerorts wieder abgebaut wird, tatsächlich auch eintrat. Die Arbeitsteilung hat aber den ganz großen Vorteil, dass eben keiner mehr seine ganze Arbeitskraft in seine persönliche Subsistenz investieren muss. Jeder hat die Möglichkeit, seine Zeit allein dem zu widmen, was er besonders gut kann, wofür er ordentlich bezahlt wird oder dem einfach nur seine Leidenschaft gehört. Und das tut nicht nur dem Einzelnen, sondern auch der gesamtgesellschaftlichen Wirtschaft gut. Wenn nicht alle mehr oder weniger gut alles können müssen, was sie zum Leben brauchen, sondern sich jeder voll und ganz nur einer Sache widmen kann, steigert das natürlich die Sachkompetenz und ihre Wertschöpfungspotenziale in einem zuvor ganz unvorstellbaren Ausmaß.

REICHTUM FOLGT NICHT ALLEIN AUS GEWINNMAXIMIERUNG

Keine Frage – ohne die Arbeitsteilung wäre es kaum zu der dominanten Rolle des Handels gekommen, die wir heute gewohnt sind und die so weitreichende Möglichkeiten der Gewinnmaximierung bietet.[37] Aber es wirtschaftet eben auch keiner mehr autark für sich. Das führt zu einem so hochkomplexen Netzwerk an gegenseitigen Abhängigkeiten, dass die Erhaltung des Weltfinanzsystems zu einer Existenzfrage für jeden Einzelnen hat werden können. Dieser systembedingte Unsicherheitsfaktor scheint zwar zugleich über eben diese monetäre Vermittlung aller mit allen gemindert, wenn nicht beseitigt. Nur funktioniert das dann doch nur in Grenzen und mit Folgen, die die wenigsten wirklich wollen.

Betrachten wir Adam Smiths berühmten Bäcker.[38] Nicht um uns Gutes zu tun, sondern um seines eigenen Vorteils willen steht er morgens um drei Uhr auf, um Brötchen zu backen. Doch gerade so tut er nach Adam Smith Gutes. Er beschert uns ein leckeres Frühstück. Begonnen hatte es damit: Nicht mehr jeder Dorfbewohner backt selber. Ein Mitglied der Dorfgemeinschaft spezialisiert sich vielmehr und backt für alle. Das ist effizient und für alle von Vorteil. Aber es ist für die anderen Dorfbewohner auch ein Risiko damit verbunden. Wären einmal andere Nahrungsmittel knapp, könnte der Bäcker die Preise unverhältnismäßig in die Höhe treiben. Oder er steigert seinen Gewinn auch einfach so, indem er unbemerkt schlechte und billigere Rohstoffe einkauft. Nun könnten sich die Dorfbewohner die Mühe machen, den Bäcker notfalls auch um drei Uhr in der Frühe zu kontrollieren. Dieser Kontrollaufwand zehrte dann allerdings den ursprünglichen Effizienzgewinn wieder auf.[39]

Der Bäcker und seine Kunden teilen einander ergänzende Interessen, doch trennt sie auch ein fundamentaler Interessenskonflikt: Der Bäcker will maximalen Gewinn, er wird also billige Rohstoffe einkaufen und sein Brot möglichst teuer verkaufen. Der Kunde will, dass es ihm schmeckt, und das zu einem günstigen Preis: Um einer hohen Qualität willen wäre ihm der Einsatz wertvoller Rohstoffe lieber. Wenn es nun mehr als einen Bäcker gibt, wird dadurch nichts besser. Erfahrungsgemäß siegt über die Qualität dann doch wieder der Preis. Dass es inzwischen mehr als nur einen Discounter gibt, der im harten Konkurrenzkampf zu den anderen steht, hat die Qualität der Lebensmittel nicht verbessert. Nur der Preiskampf, der wurde härter.

Jeder kennt das Problem: Die Erwartung, im Restaurant besser essen zu können als zu Hause, wird auf breiter Front enttäuscht. Selbstverständlich müsste man in der Bank gute Anlageberatung bekommen, aus Holland gute Tomaten, und BP müsste die beste Expertise für die Ölförderung der Tiefsee haben. Doch so ist es nicht. All diese Branchen versammeln unter ihrer jeweiligen Fahne zweifellos eine Menge erstklassiger Kompetenz, doch dient sie nicht selten vor allem anderen der Maximierung der Gewinne. Eine Erhöhung der Qualität des Nutzens über das für den Verkaufserfolg notwendige Maß hinaus stellt dann einen überflüssigen Kostenfaktor dar. Wirklich gut funktioniert die arbeitsteilige Gesellschaft, allein geleitet vom Ziel materieller Gewinnmaximierung, für den Verbraucher nicht.

GUT, DASS ES NICHT IMMER NUR UMS GELD GEHT

Was ist der Ausweg aus diesem Dilemma? Der eine kocht seine Marmelade wieder selber ein. Wer es sich leisten kann, geht nicht mehr zur Bank, sondern gründet seine eigene Vermögensverwaltung, ein sogenanntes „Single Family Office". Wer noch frei von Sparwahn oder -zwang ist, geht statt zum Discounter zum alteingesessenen Bäcker, dem die Freude an seinem Handwerk und an gutem Brot noch immer wichtiger ist als die Maximierung seiner Gewinne. Man geht in das Restaurant, in dem der Koch mit Leidenschaft zu Werke geht, und lässt sich das unter Umständen auch etwas kosten. Mancher fühlt sich bei einem Arzt, mit dem er seit Langem befreundet ist, besser aufgehoben als bei einem teuren Spezialisten, den er nicht kennt. Und er bedankt sich dafür mit freundschaftlichem Respekt und außerdem einem Geschenk zu Weihnachten.

Niemand will sich für seine Freigebigkeit ausgenutzt fühlen müssen. Jeder will auf seine Kosten kommen, keiner will seine Leistung umsonst erbringen, niemand will übervorteilt sein, und doch hält sich allerorten hartnäckig ein Gefühl dafür, wie schön es wäre, würde nicht überall immer gleich die Rechnung aufgemacht.

Und das ist nicht nur ein Gefühl. Während Ökonomen davon ausgehen, dass materielle Anreize und Aussichten auf Besserstellung der Grund für Spitzenleistungen sind, käme doch nichts Gutes mehr zustande, wenn sich niemand mehr unter den Ingenieuren, den Buchhaltern, unter den Händlern, den Produzenten und Dienstleistern an den verschiedenen Positionen der Wertschöpfungsketten ohne Hintergedanken der Erfüllung seiner Aufträge und mit Inspiration und Leidenschaft der Vollendung seiner Kunst hingäbe. Wenn stattdessen jeder nur daran dächte, was ihm das einbringt, wäre es um erfolgreiche Gewinnmaximierung bald geschehen.[40] Nicht alles ist käuflich. Es gibt viele – fälschlich sogenannte „externe" – Faktoren, die in keiner Bilanz erscheinen, unbezahlbare Werte der Bereitwilligkeit, die aber doch für gute Bilanzen sorgen.

Es sind nicht allein die monetären Beziehungen, die die arbeitsteilige Gesellschaft alltäglich zusammenhalten. Eine mindestens ebenso große Rolle spielt die freiwillige „Gabe" des Vertrauens in Fairness sowie gehaltener Versprechungen. Wo einmal nicht daran gedacht wird, was es nutzt und einem sonst noch einbringt, da fühlt man sich wohl und geborgen. So funktioniert fast alles nach wie vor nur dadurch, dass die Gesellschaft Werte pflegt und erhält, die dem archaischen Muster der Gabengesellschaft entstammen. Und es funktioniert, solange sie das tut.

WO ALLEIN GEWINNMAXIMIERUNG ZÄHLT: WER NICHT AUFPASST, VERLIERT

Wäre unsere Welt nur eine reine „Geldgesellschaft", würde jede Interaktion für jeden zu einem unkalkulierbaren Risiko. Wer nicht aufpasst, verliert. Und wer aufpasst, hat es nicht unbedingt besser. Exzesse wie die Finanzkrise basieren im Kern darauf, dass ein kleiner Teil der Gesellschaft, wenn es ums Geld geht, anders spielt als die anderen und so hohe Gewinne auf Kosten der Allgemeinheit erzielt.[41] Bedürfnisse nach Sicherheit aber können so natürlich niemals gestillt werden. Doch nun schauen wir uns erst einmal an, wie es um die Kultur des Staatslebens bestellt ist.

OHNE ZEIT IST ALLES NICHTS

Massiv steht der Berg, doch der Schnee hebt auch ihn fast in den Himmel. Geräuschlos zieht die Seilbahn hinauf, leichtfüßig wedeln die Skifahrer hinab. Schöner und genauer, als es Peter von Felbert gelingt, lässt sich der Wunsch nach Schwerelosigkeit wohl kaum darstellen.

Zeit, sagen die Philosophen, ist der wahre Gewinn aller Bereicherung. Sich Zeit geben, anderen Zeit gönnen, ab und an mal einen Hauch von Ewigkeit verspüren – da weiß man erst, wofür man lebt. Und die bürgerliche Leistungsgesellschaft weiß es auch. Freie Zeit ist der Lohn für Einsatz und harte Arbeit. Und freundlich hilft die Natur, alle Schwere loszuwerden.

V   WERT UND SCHULD DES STAATES

Der Tyrann lebte von seiner alleinigen Verfügungsgewalt über alle und alles. Er musste erst erschlagen werden, damit der moderne Staat (Polis) durch die Trennung von Macht und Eigentum (Oikos) entstehen konnte. Seitdem finanzieren die Eigentümer über Steuern den Staat, während der Staat das Eigentum schützt. Dieses System zu sichern, liegt daher besonders im Interesse der Vermögenden. Wie aber der Opportunismus gesellschaftlicher Subsysteme die gesellschaftliche Vertrauensbasis korrumpieren kann, beleuchten wir am Beispiel der Staatsverschuldung.

Die Früchte der Arbeitsteilung zu genießen, erfordert einen bestimmten Wertekonsens in der Gesellschaft. Geld ermöglicht vieles, kann aber Ethos und Kultur nicht ersetzen. Umgekehrt wird ein Schuh daraus: Das Ethos und die Kultur ermöglichen erst unsere Wirtschaftsordnung.

DIE KULTURELLE BASIS

Dieser Ordnung ist eine lange Geschichte vorausgegangen. Die meisten Ökonomen halten diese Geschichte über weite Strecken hinsichtlich ihres wirtschaftlichen Entwicklungsfortschrittes für unbedeutend. Er basiert für sie bestenfalls auf Erfahrungswerten, nicht aber – wie es sich nach ihrer Auffassung gehört – auf Wissenschaft und Rationalität. Doch darüber kann man, wie wir gesehen haben, durchaus geteilter Meinung sein. Über Wirtschaft hat man sich zu Zeiten so durchgreifend einen anderen Kopf gemacht, dass selbst ausgewiesene Theoriehistoriker, trotz des gelegentlich sogar bahnbrechenden Erfolgs der früheren Ideen, gar nicht wiedererkennen, dass sie ihrem Fach angehören.[42] Vor allem aber ist in vielerlei anderen Feldern unendlich vieles geschehen und unter großen Opfern erkämpft worden, ohne das die moderne Wirtschaftsform ganz undenkbar wäre. Das betrifft vor allem auch das Selbstverständnis der Menschen, ihre Poesie, ihr Weltbild, ihr Naturgefühl, woran sie glauben, und ganz besonders die politische Verfassung und ihr Empfinden für den Wert ihres Zusammenlebens.

Dass die Menschen darauf vertrauen können, dass sie sich von sich selbst wie voneinander etwas versprechen dürfen – das ist letztlich die ursprüngliche kulturelle Wertebasis.[43] Wird aber der Wert des Versprechens entwertet und das Vertrauen korrumpiert, ist schnell auch das Geld nichts mehr wert. Keiner wird dann die gemeinsame Verarmung mehr aufhalten können.

Wer sein Geld „gut" anlegen will, greift heute gerne zu ethischen Investments. Aber, kein Zweifel, man kann Ethik nicht allein daran festmachen, dass Altpapier verwendet oder keine Antibabypille produziert wird. Das nutzt alles nichts, wenn alle ihre Partikularinteressen über alles stellen und sich den Rest der Welt zur Beute machen. Genau das passiert aber, wenn es die Kaste der Politiker, die Kaste der Banker, die der Gewerkschaftler oder die der Anwälte usw. nur noch darauf anlegt, auf Kosten der Übrigen nur je für sich das Maximale herauszuholen.

DAS GLÜCK DES STAATSBÜRGERS

Wie gefährlich solche Tendenzen werden können, zeigt nicht nur die spektakuläre Bankenkrise, sondern auch die inzwischen ganz normale Staatsverschuldung, die in der Verantwortung der Politiker liegt, die vielfältigen Einflüssen ausgesetzt sind und natürlich ihr ganz spezielles Eigeninteresse haben. Da die Staatsverschuldung eng im Zusammenhang mit dem modernen Konzept der Geldwirtschaft steht, werden wir im Folgenden kurz darauf eingehen.

Die Trennung von Staatsgewalt und Eigentum war die Geburtsstunde des modernen Staates. Anders als im Feudalsystem ist der demokratische Rechtsstaat nicht der Gesamteigentümer aller Eigentümer. Er selbst hat nichts. Auf der anderen Seite verzichten die Eigentümer nach innen wie nach außen darauf, zur Sicherung oder Mehrung ihrer Besitzstände physische Gewalt auszuüben. Erst dieses Zusammenspiel von Eigentum und Nichteigentum verschafft der staatlichen Gemeinschaft den freien Entfaltungsraum für die vielfältigsten individuellen Phantasien, Wünsche, Ideen, Talente und Kompetenzen, die unsere Kultur zwischen Wissenschaft, Technik und Kunst bereichern.[44]

Die größeren und kleineren Eigentümer einschließlich derer, die mehr oder weniger nur ihre Leistungskraft ihr Eigen nennen können, finanzieren den Staat. Im Gegenzug schützt die Institution des Staates das Eigentum. Auch wer viel hat, kann sich doch vom Staat nicht freikaufen, will er dieses enormen Vorteils der Rechtssicherheit nicht verlustig gehen. Eine Verschuldung des Staates allerdings ist in diesem Konzept nicht vorgesehen und an sich auch gar nicht möglich – so, wie es ja auch für Staaten kein Insolvenzrecht gibt. Wenn man es genau nimmt, ist die Staatsverschuldung nur eine Metapher. Denn der Staat ist nur eine Art Vermittlungsagent für die Kreditwürdigkeit der Bürgerschaft.

DIE KUNST DER STAATSVERSCHULDUNG – EXISTENZRESSOURCE FÜR POLITIKER?

Das heißt nicht, dass es in extremen Fällen nicht doch sinnvoll sein kann, wenn sich Staaten verschulden. Früher wurde das insbesondere zur Vorfinanzierung von Kriegen in Kauf genommen. So war es schon bei den Griechen im Kampf gegen die Perser, und so verfuhren etwa auch die USA bei der Finanzierung der beiden Weltkriege im letzten Jahrhundert. Klar war aber immer: Die Schulden müssen anschließend wieder zurückgeführt und getilgt werden – was etwa im Ersten Weltkrieg die Expansionspläne in der Führung des Deutschen

Reiches beflügelte –, andernfalls bezahlen die Bürger die Zeche. Nicht nur auf dem Schlachtfeld werden Kriege verloren, sondern auch im Portemonnaie. In alten Zeiten wanderten ganze Völkerschaften in Fremdherrschaft und Sklaverei, um ihre Schulden zu bezahlen. Versagt der Staat, wird er durch einen anderen ersetzt. Das Vermögen verfällt in gleicher Höhe, wie die Schulden verfallen.

Dieses Ideal des unbedingten Tilgungsgebots wurde indes in den 1980er Jahren von allen Industriestaaten preisgegeben. Um des inneren Friedens willen wurden ohne äußere Not Schulden gemacht, um den Geboten des Sozialstaates gerecht zu werden und Transferzahlungen zu ermöglichen, ohne die Steuern zu erhöhen. Denn zur Kompensation des Gewaltverzichts gibt es das allgemeine und freie Wahlrecht, über das auch all jene zu ihrem Recht kommen können, die sonst nicht so viele Chancen haben, ihre Souveränität auszuleben.

Zugleich ist das Wahlrecht aber auch die Existenzressource der Politik. Die Mehrheit der Wähler besitzt eher wenig, verfolgt also andere Interessen als die Vermögenden. Die Regierung braucht aber die Mehrheit, also verteilt sie „Wahlgeschenke", die – weil schuldenfinanziert – niemandem weh zu tun oder zur Last zu fallen scheinen. Sind einmal die Dämme gebrochen, ist das nur noch schwer zu stoppen. Axel Börsch-Supan, einflussreicher Leiter des Forschungsinstituts Ökonomie und Demographischer Wandel (MEA) an der Universität Mannheim und bekannt für seine hellsichtigen Analysen zur Tragfähigkeit der sozialen Sicherungssysteme, ist zum Ergebnis gekommen, dass die Fokussierung der demokratischen Parteien auf den kurzfristigen Vorteil des Durchschnitts-, des sogenannten „Medianwählers", inzwischen zu einer *„Selbstbedienung der Mitte im Jetzt"* geführt hat.[45]

HOHE VERSCHULDUNG FÜHRT ZU HOHEN ZINSEN

Was sich daraus ergibt, ist allerdings höchst unsozial: Da die vielen Staatsanleihen im Wettbewerb um die Gunst der Anleger stehen, steigen die Realrenditen, also die inflationsbereinigten Zinsen, die gezahlt werden müssen, damit jemand bereit ist, diese Anleihen zu kaufen. Je höher die Staatsverschuldung, desto größer der Bedarf an geliehenem Kapital. Und desto höher fallen die Renditen der Kapitalgeber aus.

Seit den 1980er Jahren sind daher mit dem starken Anstieg der Neuverschuldung die Realrenditen kontinuierlich über das reale Wirtschaftswachstum hinaus gewachsen.[46] Die Geldvermögen wachsen also überproportional, analog zum überproportionalen Wachstum der Verschuldung. Das heißt: Das Einkommensvolumen des Produktionsfaktors Kapital wächst auf Kosten des Einkommensvolumens des Faktors Arbeit. Da die zum Schuldendienst erforderliche Realrendite nicht vermöge des Wirtschaftswachstums bedient werden kann, bleibt nur die Möglichkeit der innergesellschaftlichen Umverteilung von Vermögen.[47] Die Schere zwischen Arm und Reich klafft mit dramatischer Dynamik immer weiter auseinander.

HOHE ZINSEN FÜHREN ZU EINER INNERGESELLSCHAFTLICHEN UMVERTEILUNG

Die kurzsichtige Vorteilsname politischer Gruppen unter dem Schlagwort des „Sozialen" führt so zu einer unsozialen Gesellschaft. Je größer aber die sozialen Spannungen zwischen Arm und Reich werden, desto weniger vermag der erlangte Reichtum auch ein Gefühl der Sicherheit zu vermitteln. Und je mehr die Armut zunimmt, desto weiter entfernt sich der für die Politiker handlungsleitende „Medianwähler" von den Vermögenden. Und umso dringlicher wird der Zugriff auf deren Vermögen für den Staat. Frei nach dem Motto: „Der Oma ihr klein Reihenhäuschen" darf vererbt werden, aber die Villa mit Pool wird via Erbschaftssteuer teilenteignet.

Was bleibt am Ende? Die banale Erkenntnis, dass die Mehrung des Eigentums ab einem bestimmten Niveau widersinnig wird, da der einmal erreichte Sicherheitsstandard wieder abnimmt. Ab einem bestimmten Punkt entfernt sich, wer immer reicher wird, so weit von den Interessen der Übrigen, die immer die Mehrheit sind, dass er sich nicht mehr auf die Rechtssicherheit seiner Besitzansprüche verlassen kann.[48] Und für alle gilt: Wer auf staatliche Fürsorge hofft, bedenke, was er dem Staat zumutet, wie er fordern will und wie er sich dafür selbst zu engagieren vermag.

IST WAS FAUL IM STAATE?

*Berlin ist Hauptstadt – von wem? Die Regierung tanzt
schon, so sieht es aus, nach der Musik der Meinungen und
Überzeugungen, der Erwartungen und der Ablehnungen.
Das Volk spiegelt sich in seinen Abgeordneten, diese in
jenem und alle immer auch ein wenig aneinander vorbei.
Das ist Demokratie.*

*Wie man hineinschaut, so schaut es heraus. Licht er-
hellt und macht durchsichtig, Glas jedenfalls hält es nicht
auf. Doch merkwürdig: Es verbirgt auch vor den Blicken.
Selbst noch im Licht kann man sich verstecken und alles,
was sonst noch keiner sehen soll. Transparenz und Diskre-
tion – mal ist für uns, die Staatsbürger, das eine gut, mal
das andere. So zeigen es die Bilder. Nicole Wiedinger hat
genau hingesehen.*

VI   DIE MORAL VON DER GESCHICHTE

Man kann es drehen und wenden, wie man will: Die Millionenboni oder -abfindungen in der Finanzindustrie hinterlassen einen schalen Beigeschmack. Liegt das am unterschwelligen Neid? Sind doch bekanntlich die meisten nur deshalb gegen die Monarchie, weil zufällig nicht sie der König sind? Im Folgenden werfen wir einen Investmentbanker ins reale Leben und sehen: Der fahle Beigeschmack ist berechtigt.

Wir haben aufgezeigt, dass es zu kurz greift, einem Investmentbanker, der für seine Leistungen mit Boni in Millionenhöhe gesegnet ist, mangelnde Moral vorzuwerfen. Er lebt schlicht in einer anderen Welt mit einem anderen Wertesystem und einem anderen Verständnis von Rationalität und Vernünftigkeit als der Rest der Welt. Er lebt in einer Geldgesellschaft. Goldman Sachs zum Beispiel wird damit konfrontiert, dass Continental eine Kapitalerhöhung braucht. Kein Problem, gegen eine Gebühr von 49,5 Millionen Euro organisiert die Bank mit anderen diese Kapitalerhöhung innerhalb von wenigen Monaten. Die enorme Höhe der Gebühr ist in Ordnung, beide Seiten haben sich auf diesen Betrag geeinigt, der Vertrag wurde vom Continental-Vorstand aus freien Stücken unterzeichnet. Die Kapitalerhöhung ist schließlich sehr wichtig für das Unternehmen. Die Leistung, die Goldman Sachs erbringt, ist ihm den exorbitanten Kostenaufwand wert. Wo es ums Geld geht und es alles ist, was zählt, ist die Welt damit also vollständig in Ordnung.

WELCHE REGELN HÄTTEN SIE DENN GERNE?

Unbehagen mag den Investmentbanker erst ergreifen, wenn ihm das Unglück widerfährt, etwa mit einer Nierenkolik ins Krankenhaus eingeliefert werden zu müssen. Weder der Sanitätsfahrer, der ihn auf Niedriglohnbasis und unter horrenden Arbeitsbedingungen schnell und sicher durch den Hamburger Straßenverkehr chauffiert, noch die Krankenschwester, die sich um ihn als nächstes kümmert, oder der Arzt, der ihm schlussendlich das Leben rettet, behandeln ihn gemäß seiner Logik. Der Fahrer kommt, konfrontiert mit diesem Notfall, nicht auf die Idee, dass die Fahrt ins Krankenhaus in diesem speziellen Fall 1 Million Euro zu kosten habe. Der überaus bedeutende Mehrwert würde eine solche Gebühr doch leicht rechtfertigen. Und der Banker könnte den Handel ja auch verweigern und ablehnen, in dieses Vertragsangebot einzuwilligen – wie das auch Continental freigestellt gewesen wäre. Auch die Krankenschwester, um drei Uhr in der Früh gerufen, um zu helfen, müsste entsprechend der Regeln, die in jener „Geldgesellschaft" gelten, ihr Monopol, das sie in dieser Situation hat, nutzen und den Patienten für ihre Verdienste mit einer Gebührenordnung abschöpfen, die seiner Finanzkraft angepasst ist.

Zum Glück leben wir jedoch in einer Gesellschaft, in der eben dies erstaunlicherweise nicht geschieht. Zum Glück leben wir im Wesentlichen in einer Gesellschaft, in der sich eben nicht alles nur ums Geld und die Mehrung des Vermögens dreht, die vielmehr von einer bemerkenswerten Bereitschaft zur Verausgabung und ebenso bemerkenswerter Verweigerung, das eigene Handeln ausschließlich monetären Kalkülen zu unterwerfen, lebt. Man kommt seiner Verantwortung nach, man leistet, was Not tut, mancher gibt sogar sein Bestes – oft genug, ohne an Gewinnmaximierung überhaupt nur zu denken. Man möchte darüber nur nicht zu Schaden kommen und auch ein gutes Leben führen können. Unbehagen bereitet erst diese Asymmetrie der Verdienste, die allein dadurch entsteht, dass Gruppen der Gesellschaft ihren Vorteil daraus ziehen, dass sie in der passenden Situation einseitig die Regeln einer reinen „Geldgesellschaft" geltend machen, während sie sich in dafür ungeeigneten Situationen wie selbstverständlich auf die Vorteile der Verausgabungsbereitschaft anderer verlassen. Adam Smiths Theorie der Ökonomie ist wohl doch nur die halbe Wahrheit.

NICHT ALLE SPIELEN DAS GLEICHE SPIEL

Aber auch Adam Smith hatte bereits – unter anderem, um menschliches Handeln in vernünftiger Weise moralisch bewertbar zu machen – zwischen „Handlungen" und „Handlungsbedingungen" unterschieden.[49] Da lag er nun nicht falsch. Handlungen sind in diesem Denkmodell konkrete Spielzüge, während die Handlungsbedingungen die Spielregeln abgeben. Für individuelle Tugenden ist da im Grunde gar kein Platz. Die Erfordernisse der Moral, die es natürlich dennoch gibt, lassen sich sinnvoll allein durch die Spielregeln realisieren – und hintergehen. Wo es solche Regeln gibt, sind die einzelnen Spielzüge weder moralisch noch amoralisch. Da kommt es einfach nur darauf an, ob sie regelkonform sind oder nicht.

Aber: Spielen auch alle nach den gleichen Regeln? Ist es gegebenenfalls auch allen klar, wenn das nicht der Fall ist? Und es ist nicht der Fall. Die auf Gewinnmaximierung ausgerichtete Geldwirtschaft denkt allzu oft nur in „Quantitäten". Sie kann letztlich allein damit etwas anfangen, was sich in Zahlen ausdrücken lässt. Alles andere, was es sonst noch braucht, um zu guten Zahlen zu kommen, spielt keine oder nur eine sekundäre Rolle und ist in jedem Fall nur Mittel zum Zweck. Und diese Gesellschaft, die allein über den „Code der Zahlung" ihre Wertschätzung organisiert und allein in Geld ihre Werte bemisst, funktioniert nach anderen Spielregeln als die Welt jener, die in der Gesellschaft primär um die „Qualität" des Lebens bemüht sind. Dort geht es auch ums Geld, nur ist es hier von sekundärer Bedeutung. Hier wird in der Regel sehr viel weniger und immer öfter im Grunde auch zu wenig Geld verdient. Dennoch ist hier das Geld nur Mittel zum Zweck, der Wert liegt in der Leistung, in der Qualität der Ergebnisse. Ob eine Arbeit gut gemacht ist, bemisst sich nicht allein an der pekuniären Honorierung. Da gelten ganz andere Maßstäbe. Geld schießt keine Tore.

EIN AUSFLUG: DAS GLÜCK DER WELT

Im Extremfall – und der ist gar nicht so selten – spielt die pekuniäre Entlohnung sogar überhaupt keine Rolle. Zum gesellschaftlichen Reichtum, an dem alle partizipieren können, tragen auch Menschen bei, die einfach nur helfen, wenn sie gebraucht werden – und zwar ohne jeden Gedanken daran, ob sie daraus Kapital schlagen können. Die vielen Leistungen, die ehrenamtlich erbracht werden, oder zum Beispiel auch so etwas wie das kostenlose Computer-Betriebssystem Linux, werden in die Berechnung des gängigen Indikators für wirtschaftliche Prosperität, das Bruttoinlandsprodukt, bisher weltweit nirgends einbezogen. Dazu gehören aber auch noch andere gesellschaftliche Gruppen: jene nämlich, die weniger von moralischen Motiven geleitet sind als zum Beispiel von ästhetischen Idealen.

Was etwa schert einen Künstler oder den Philosophen sein persönlicher materieller Gewinn, wenn er mit seinem Werk die Welt verändern kann? Der eine setzt der Menschheit neue Augen ins Gesicht, der andere neue Ohren an den Kopf und der dritte überhaupt einen neuen Kopf auf den Hals – Augen, die vermögen, bis dahin Unvorstellbares zu sehen, und Ohren, die sich dem Unerhörten öffnen, oder Gedanken, die auch noch dem Unfassbarsten des Wahren Sprache und Form geben. Was täten wir ohne die unsterblichen Werke der Kunst, des Geistes und des Mutes zu äußersten Gefühlen, die das abgründige Leid und die unfassbare Schönheit der Welt zutage fördern und vergegenwärtigen?

Diese Werke sind unbezahlbar, und das nicht nur, weil sich der Wert ihrer Wirkung nicht berechnen lässt oder niemand, auch der geballteste Reichtum nicht, das dafür nötige Geld aufbringen kann. Auch die Höchstgebote, die auf Auktionen heute etwa ein van Gogh erzielt, reichen ja nicht einmal im Entferntesten an die Bedeutung dieser Schöpfungen heran. Diese Werke entziehen sich nicht nur deshalb jeder vernünftigen Preisbildung, weil sie eben ein für alle Mal gemacht sind und sich damit jener Reproduzierbarkeit und Wiederholbarkeit entziehen, die aus allem erst ein gutes Geschäft macht. Es ist völlig sinnlos, etwa das Rad noch einmal erfinden zu wollen. Und der, der es erfand, hat in jedem Fall ein schlechtes Geschäft gemacht. So, wie auch Charles Goodyear ein schlechtes Geschäft gemacht, seine Gesundheit ruiniert und außer Schulden wenig ins Grab mitgenommen hat, dem wir jene Vulkanisierung des Naturkautschuks verdanken, mit dessen Verwertung seither die schönsten Gewinne zu machen sind und dank dessen Continental jenen Millionendeal mit Goldman Sachs hat eingehen können.

Unzählige dieser Werke und Taten sprengen die Wertmaße, die sich noch in Geld umrechnen ließen, weil sie das Äußerste an Reichtum vergegenwärtigen, das schlechthin Unbezahlbare, eine Gabe, die sich der Vergänglichkeit entzieht, die durch nichts und niemanden wieder genommen und aus der Welt geschafft werden kann und der Menschheit erlaubt, an ein Glück zu glauben, das, ohne auch nur das Geringste zu nützen oder in sonst einer Weise irgendwelchen Geboten der Opportunität zu genügen, das also nach „irdischen Maßstäben" ohne Wert ist, dennoch aber alle Werte in sich vereinigt.

DIE MILLIONENGEHÄLTER BASIEREN AUF EINER IRREFÜHRUNG – UND NIEMAND WEHRT SICH

Während also der Großteil der Gesellschaft Regeln folgt, in denen Traditionen der alten „Gabengesellschaft" fortleben, und damit einen großen Beitrag für einen Reichtum leistet, der auch einen eigenen, inneren Wert hat, bereichert sich eine Minderheit, indem sie sich, wo es ihr passt und wenn es für sie von Vorteil ist, auf die ganz anderen Regeln ihrer „Geldgesellschaft" beruft.

Die einen werden zu Gewinnern und andere nur deshalb Verlierer, weil erstere wissen, dass sie nach anderen Regeln spielen als jene, diese aber nicht. Und das gibt es, nebenbei bemerkt, schon länger. Man denke zum Beispiel an einen Siedler, der einem Indianerhäuptling Land gegen ein paar Perlen abkauft. Der „Deal" funktioniert, weil beide aufgrund unterschiedlicher Spielregeln die Situation unterschiedlich einschätzen. Und nicht, weil der Siedler ein Finanzgenie und der Indianer ein Dummkopf ist.

WIRD DAS GENIE ENTZAUBERT, ENTPUPPT ES SICH ALS FALSCHSPIELER

Unsere Hamburger Krankenschwester hat zwischenzeitlich nach unzähligen Überstunden ihre geringen Ersparnisse zu ihrer Bank getragen und dort im Vertrauen auf den guten Ratschlag des Sparkassenberaters, der einen so angenehm seriösen Eindruck auf sie machte, ein Lehman-Zertifikat gekauft. Er empfiehlt es ihr gerne, Lehman zahlt ihm und seiner Sparkasse überaus ansprechende Provisionen.[50] Jeder ist seines eigenen Glückes Schmied und seine Bank ist nicht die Caritas. Die Krankenschwester versuchte nun, auch einmal einen Vorteil für sich zu erlangen, und der Bankmanager erfüllt seinen Auftrag, doch das Spiel, in dem sie zueinanderfinden, ist ein Spiel der Übervorteilung.

Die Krankenschwester hat ihr Geld verloren. Auch der Bankvorstand ist gescheitert. Aber nach den Regeln seiner Kunst ist die Millionenabfindung, die ihm der Verlust seines Postens einträgt, vertragskonform und legitim – doch ein schlechter Nachgeschmack bleibt. Wenn mithilfe dieser Abhandlung deutlich geworden ist, warum das so ist, dann hat sie ihr Ziel erreicht. Aber wir versuchten auch deutlich zu machen: Der Bankvorstand ist gleichfalls nicht wirklich zu beneiden. Sein Bankkonto ist prall gefüllt, aber seine Reputation hat er verspielt. Er verliert sein Gesicht. Nach Maßgabe der „Gabengesellschaft", die unser Leben lebenswert macht[51] und der wir jene existenziellen Güter verdanken, ohne die jede Gewinnmaximierung die Substanz verlöre, die ihr allein Sinn geben kann, ist das für niemanden wirklich ein gutes Geschäft.[52]

AUF DER SUCHE NACH GLÜCK

Alexandra Vogts Pferde umgibt ein Hauch archaisch-mythischen Urlebens. Sie kommen aus einer Zeit, als das Wünschen noch geholfen hat. Treue Gefährten der Ungebundenen und Freiheitsliebenden, die durch die Lande zigeunern. Wie sie so da stehen, in bunter Decke und verwegen mit feinem Kopfschmuck, senden sie auf einmal Wärme aus der kühlen Winterlandschaft.

Der bittere Ernst ist verflogen, nichts mehr anonym. Wer sich von verspielten Pferden verzaubern lässt, den nehmen sie mit in ihre Welt, wo vielleicht das Glück zu finden ist. Sie öffnen den Blick für ein Kalkül eigener Art: Erkannt in dem, was sie lieben, zeigen sie stolz, wie sehr der Seele Heimat gibt, was gar nichts nützt und ganz sinnlos erscheint.

FUSSNOTEN UND LITERATURANGABEN

I GEWONNEN! GELD ODER GLÜCK?

[1] Zum Wohlstandsparadoxon gibt es für diverse Kulturkreise aussagekräftige Studien. Bezogen auf die Einkommensgrenze, ab der keine Steigerung des Lebensglücks mehr erfolgt, variieren die Aussagen aber erheblich. Laut einer jüngeren Veröffentlichung *(Angus Deaton und Daniel Kahneman: High income improves evaluation of life but not emotional well-being, in: PNAS 21.9.2010, Vol. 107, No. 38, S. 16489–16493)* erfahren US-Amerikaner erst ab einem Jahresnettoeinkommen von 75.000 US$ keine Steigerung ihres Lebensglücks mehr. Bei anderen Untersuchungen liegt die Grenze eher bei 50.000 US$. Auch aufgrund des besseren Sozialsystems wird in Deutschland die Grenze von einigen Forschern schon bei 24.000 Euro gesehen *(Edgar Dahl: Macht Geld glücklich?, in: Spektrum der Wissenschaft, 5/2008, S. 84 – 87)*.

[2] So zeigen zum Beispiel kulturübergreifende Studien zur Zufriedenheit in über 80 Ländern, dass Menschen in relativ unsicheren Ländern mit hohen Kriminalitätsraten signifikant unglücklicher sind. Vgl.: *www.worldvaluessurvey.org*

[3] Solon von Athen, 640 – 560 v. Chr., einer der sieben Weisen des Altertums, stammte aus vornehmer Familie und ist gleich auf dreierlei Weise zu Weltruhm gekommen: als Dichter, Philosoph und Staatsmann. Als letzterer verhalf er seiner Heimatstadt zu einer Wirtschaftsverfassung, die Athen davor bewahrte, am Auseinanderdriften zwischen Arm und Reich zugrunde zu gehen. Er ist bis heute einer der bedeutendsten Rechtslehrer der europäischen Geschichte. Er spielte eine entscheidende Rolle bei der Erfindung des Eigentums. Die auch heute geltende Regel, dass nicht die Herkunft, sondern die Leistung zählt, geht auf ihn zurück. Und er erfand den Schuldenerlass, sodass sich kein Bürger mehr, wenn er überschuldet war, selbst in die Sklaverei verkaufen musste – eine wesentliche Regel auch des heutigen Bürgerrechts und der modernen Wirtschaftsverfassung. Vgl.: *Wolf-Dieter Gundopp von Behm: Solon von Athen und die Entdeckung des Rechts, Würzburg 2009. Das Zitat stammt aus: Rüdiger Bubner: Polis und Staat. Grundlinien der Politischen Philosophie, Frankfurt a. M. 2002, S. 37.*

[4] Midas, in der Welt der griechischen Mythologie ein phrygischer König, ist nicht nur legendär, weil ihm der Gott Dionysos den Wunsch erfüllte, dass sich ihm alles, was er berührte, in Gold verwandele. Außerdem ließ ihm Apollon Eselsohren wachsen, empört darüber, dass er nicht hatte akzeptieren wollen, dass in einem musikalischen Wettstreit Apoll und nicht seinem Kontrahenten Pan der Sieg zuerkannt wurde. – Aristoteles, der Schüler des Platon, einer der maßgeblichsten Denker der Philosophiegeschichte und nicht nur für Thomas von Aquin der *„Lehrmeister Europas"*, hat sich auch über wirtschaftliche Fragen weitreichende Gedanken gemacht, die uns heute noch weiterbringen können. Wir werden noch gelegentlich

auf ihn zurückkommen. Was er über den wahren und den scheinbaren Reichtum zu sagen hat, findet sich in: *Aristoteles: Politik, I. Buch, Kap. 8 und 9, München 1976* (oder in jeder anderen Ausgabe).

[5]   Dieses *„Es ist genug"*, nicht das Spiel zwischen Mehr und Weniger, galt einmal als die äußerste Herausforderung der ökonomischen Kunst. Der Begriff der griechischen Philosophie dafür war die *„autarkeía"*, die Autarkie, die immer etwas missverständlich mit *„Selbstgenügsamkeit"* übersetzt wird. Um einmal zu zeigen, was Platon darunter verstanden hat, sei folgende Textstelle aus seiner Kosmologie zitiert: Der Gott der Welt gestaltete den Kosmos als *„einen ganzen und vollkommenen, aus vollkommenen Körpern bestehenden Körper, [...] als einen im Kreis sich drehenden Kreis [, als] einen alleinigen Himmel, der [...] aufgrund seiner Vortrefflichkeit selbst mit sich zusammenkommen kann und keines anderen bedarf, sondern sich selbst zur Genüge bekannt und befreundet ist. Durch all dies also erzeugte er ihn als einen seligen Gott."* Vgl.: *Platon: Timaios (34b), in: Werke in 8 Bdn., Bd. 7, übers. v. Hieronymus Müller u. Friedrich Schleiermacher, Darmstadt 1990, S. 47.*

II   MEIN, DEIN ODER – DAS GELD

[6]   *Aristoteles: Politik, I. Buch, Kap. 9.*

[7]   *Gunnar Heinsohn, Otto Steiger: Eigentum, Zins und Geld. Ungelöste Rätsel der Wirtschaftswissenschaft, Marburg 2006* (vor allem Kap. B u. C, S. 89 ff.).

[8]   *William Shakespeare: Der Kaufmann von Venedig, in: Erich Fried (Hrsg.), Shakespeare, übers. v. Erich Fried, Bd. 1, Berlin 1989, S. 439 – 498.*

[9]   Menschen aus der Armut herauszuführen, indem man ihnen etwas schenkt, funktioniert erfahrungsgemäß sehr viel schlechter, als die Entwicklungshelfer jahrzehntelang hofften. Als erfolgversprechender scheint sich zu erweisen, sie in den Wirtschaftskreislauf einzubinden. Der bangladeschische Wirtschaftswissenschaftler und Nobelpreisträger Muhammad Yunus entwickelte mit dem sogenannten „microfinance"-Konzept ein Gegenmodell zur klassischen Entwicklungshilfe. Er erkannte, dass Menschen in Armut vor allem aufgrund fehlender Kreditwürdigkeit von einer aktiven Teilnahme am Wirtschaftsleben ausgeschlossen sind. Das änderte er 1976 mit der Gründung der Grameen Bank, die auch vollkommen mittellosen Menschen in Bangladesch den Zugang zu Kleinkrediten ermöglicht. So werden aus hilfsbedürftigen Bettlern engagierte Kleinunternehmer wie Schuhputzer oder Straßenhändler. Inzwischen profitierten ca. 6 Millionen Menschen von den Krediten. Bemerkenswerterweise sind 96 % der Kreditnehmer weiblich.

[10]   *Johann Wolfgang von Goethe: Faust – Urfaust, Faust I und II., Augsburg, 2003.* Vgl. auch die sehr hellsichtige Interpretation von *Hans Christoph Binswanger: Geld und Magie. Eine ökonomische Deutung von Goethes Faust, Hamburg 2005.*

11   *Friedrich Nietzsche: Zur Genealogie der Moral. Eine Streitschrift, in: Sämtliche Werke. Kritische Studienausgabe, Bd. 5, München, Berlin, N.Y. 1977.* In der 2. Abhandlung dieses Werkes setzt sich Nietzsche in dramatischer und bislang einzigartiger Weise damit auseinander, wie der Mensch allein dadurch, dass er sich auf Gläubiger-Schuldner-Beziehungen einlässt, überhaupt erst Mensch und ein *„freies Individuum"* werden kann *(S. 292 ff.).* Das *„Thier, das versprechen darf"*, ist seine Übersetzung des *„Zoon logon echon"*, des *„Lebewesens, das Sprache hat"*, in dem *Aristoteles (Politik, I, 2)* das Wesen des Menschen sah. Vgl. zur Bedeutung dieses Gedankens für die europäische Geschichte: *Wolf Dieter Enkelmann: Europa – nichts als ein Versprechen. Eine Nacherzählung, in: Merkur. Deutsche Zeitschrift für europäisches Denken 692, Heft 12/2006, S. 1103 – 1112.*

12   *Hans Christoph Binswanger: Geld und Magie. Eine ökonomische Deutung von Goethes Faust, in: Konrad Paul Liessmann (Hrsg.), Philosophicum Lech – Geld. Was die Welt im Innersten zusammenhält?, Wien 2009, S. 32.*

13   Besitz unterscheidet sich in mehrfacher Hinsicht von Eigentum. Aus unserem Blickwinkel interessant ist dabei auch der Aspekt, dass Besitz *„besessen werden muss"*, also eine Gegenleistung erfordert. Ein Bauer nutzt seinen Landbesitz oder er ist kein Bauer. Er besitzt und ist besessen. Der Mieter eines Hauses ist unabhängig davon, wessen Eigentum es ist, dessen Besitzer, indem und so lange er es aktiv nutzt. Damit ist die Möglichkeit des Besitzens endlich und *„Besitzgier"* per se quantitativ und qualitativ begrenzt. Man kann nur eine begrenzte Zahl Häuser wirklich nutzen und auch nur für die endliche Zeit des eigenen Lebens. Eigentum hingegen zeichnet sich durch eine unbegrenzte *Dispositionsfreiheit* aus, weil die qualitativen Eigenschaften, die für das Besitzen so wichtig sind, für das Eigentum völlig gleichgültig sind. Eigentum ist daher unendlich und unbegrenzt. Man kann Eigentümer von beliebig vielen Häusern sein, ohne den Nutzen direkt infrage stellen zu müssen. Es gibt keine quantitative Grenze. Die Geschichte hat gezeigt: Schrankenlose *Besitzgier* muss unweigerlich scheitern. Der Wunsch, in einem Reich, in dem die Sonne nicht untergeht, über die ganze Welt verfügen zu können, ist unerfüllbar. *Geldgier* aber, die eigentlich *Eigentumsgier* ist, scheint dem gegenüber sehr wohl schrankenlos möglich zu sein. In Wahrheit hat sie aber auch ein Ende, nämlich an der Grenze, wo der Freiheitsgewinn in Zwanghaftigkeit umschlägt – wenn denn der Gierige diese Grenze noch erkennt.

14   Sich selbst zu gehören, statt nur Teil eines Ganzen zu sein, das war für *Aristoteles* Freiheit *(Politik I, 4).* So deutlich wie er hatte zuvor kaum einer Freiheit und Ökonomie zusammengedacht. Und nun kommt es natürlich darauf an, was man daraus macht. Der eine versucht, über sich zu verfügen wie über einen Besitz, der andere nimmt sich als Eigentum seiner selbst und spekuliert mit dem, was er an sich hat, auf das, was, so ihm das Glück hold ist, aus ihm werden könnte. Er verspricht sich etwas von sich, und je mutiger er sich bei sich zu verschulden getraut, umso mehr wird er im Leben erreichen.

[15]   Vgl.: *Wolf Dieter Enkelmann: Europa – nichts als ein Versprechen* (Fußnote 11).

[16]   In außergewöhnlichen Phasen greifen Staaten auf außerordentliche Maßnahmen zurück. Betrachten wir zum Beispiel das vollkommen überschuldete Deutsche Reich im Jahr 1923 mit seiner Hyperinflation. Das Problem wurde unter Leitung des Reichsfinanzministers Hans Luther und des Ökonomen Karl Helfferich quasi über Nacht durch die Einführung der Rentenmark gelöst. Die Lösung war jedoch kein Wunder, sondern eine banale Enteignung. Die Deckung der Rentenmark basierte darauf, dass jeder Fabrik- oder Immobilienbesitzer 6 % seines Grundeigentums an den Staat übertragen musste. Dieses verstaatlichte Privatvermögen diente der Deckung der Rentenmark. Vgl.: *Hans-Joachim Jarchow: Theorie und Politik des Geldes, II. Geldpolitik, Göttingen 1995, S. 23.*

III DAS MÄRCHEN VON DER EWIGEN GIER

[17]   Zwar gibt es im Rahmen der neuen *„Behavioral Economics"* inzwischen eine ganze Reihe von Experimenten, die zeigen, dass Marktteilnehmer sich neben der Gewinnorientierung auch stark von Motiven wie Fairness, Ehrlichkeit oder auch Rache leiten lassen (vgl.: *Ernst Fehr und Klaus Schmidt: A Theory of Fairness, Competition und Cooperation, in: Quarterly Journal of Economics, 114/3, S. 423 – 437*), doch findet das in den weltwirtschaftlichen Leitorientierungen noch kaum Niederschlag.

[18]   Vgl.: *Aristoteles: Politik I, 9.*

[19]   Die berühmteste Stelle, an der sich Hegel – ein Denker, der bis heute Maßstäbe setzt und weltweit auch auf das Denken der Nachkriegszeit einen vielleicht noch größeren Einfluss hat als der andere große deutsche Philosoph, Immanuel Kant – mit der Wirtschaftsform der bürgerlichen Gesellschaft auseinandersetzt, findet sich in der *„Rechtsphilosophie"*. Er nennt sie dort *„Das System der Bedürfnisse"*. Für den Laien ist das kein leicht zu lesender Text. Wegen seines ungewöhnlichen Blickes auf die Wirtschaft und weil Hegel darin doch vieles vorausgesehen hat, was wir heute nur zu gut kennen, ist er dennoch lesenswert. Vgl.: *Georg Wilhelm Friedrich Hegel: Grundlinien der Philosophie des Rechts oder Naturrecht und Staatswissenschaft im Grundrisse, in: Werke Bd. 7, Frankfurt a. M. 1970, §189 – 256, S. 346 – 359.* Unser Zitat findet sich auf S. 339.

[20]   Dreh- und Angelpunkt dieser Forschungsdiskussion ist der französische Ethnologe *Marcel Mauss: Die Gabe. Soziologie und Anthropologie II, Frankfurt a. M. 1989.* Eine Rekonstruktion dieses Gedankens in der Tradition der europäischen Geistes- und Wirtschaftsgeschichte findet sich in: *Marcel Hénaff: Der Preis der Wahrheit. Gabe, Geld und Philosophie. Frankfurt a. M. 2009.* Eine interessante Anwendung der Erkenntnis aus der Ethnologie auf die Verhältnisse der modernen Geldwirtschaft liefert: *Jean Baudrillard: Der symbolische Tausch und der Tod, München 1991,* und eine bedeutende wirtschaftsphilosophische Weiterführung,

die heute Maßstäbe setzt, findet sich bei: *Jacques Derrida: Falschgeld. Zeit geben I, München 1993.* Vgl. dazu aktuell: *Wolf Dieter Enkelmann: Beginnen wir mit dem Unmöglichen. Jacques Derrida, Ressourcen und der Ursprung der Ökonomie, Marburg 2010.*

[21] Nach dem einflussreichen Systemtheoretiker Niklas Luhmann differenziert sich das gesellschaftliche Gesamtsystem in verschiedene Subsysteme wie etwa das des Rechts, der Wissenschaft, der Kultur oder der Wirtschaft. Alle diese Systeme sind wie das Gesamtsystem Kommunikationssysteme, die aber unterschiedlich codiert sind. Der Code der Wirtschaft ist für ihn die Zahlung. Vgl.: *Niklas Luhmann: Die Wirtschaft der Gesellschaft, Frankfurt a. M. 1999.*

[22] Vgl.: *Marcel Mauss: Die Gabe. Soziologie und Anthropologie II* (Fußnote 20).

[23] *Homer: Odyssee, übers. v. Johann H. Voß, Stuttgart 1970, 8. Gesang, Verse 159 – 164.* Interessant für die Bedeutung und die ursprüngliche kulturschöpferische Leistung des klassischen Heldentums: *Peter Sloterdijk, Zorn und Zeit, Frankfurt a. M. 2006.*

[24] Dieser olympische Mythos findet sich wunderbar geschildert bei Hesiod, dem neben Homer zweiten, aber weniger bekannten Vater der europäischen Geschichte: *Hesiod: Theogonie, hrsg. u. übers. v. Karl Albert, Kastellaun 1979.* Ein namhafter moderner Ansatz, die Ökonomie nicht aus dem Mangel, sondern aus dem Überfluss zu begreifen, findet sich bei dem 1962 verstorbenen französischen Philosophen *Georges Bataille: Die Aufhebung der Ökonomie, München 1991.* Er sprach von einer *„Sonnenökonomie"* und hat damit etwas vorweggenommen, worauf heute angesichts des Klimawandels große Hoffnung für die zukünftige Energiewirtschaft gesetzt wird. Seine bis heute umstrittene, dennoch aber sehr bedenkenswerte These: Nur die Partikularökonomien (Betriebswirtschaft und Nationalökonomie) haben es immer mit dem Mangel zu tun. Sie sind aber umfangen von einer Weltökonomie, in der letztlich die Wahrheit liegt und in der von Natur aus das Gesetz der Verschwendung und Verausgabung herrscht.

[25] Diesen Bruch stellen *Heinsohn* und *Steiger* in ihrem bahnbrechenden Werk über *Eigentum, Zins und Geld* (Fußnote 7) differenziert dar, einschließlich der Täuschungen und Irrungen über dieses Phänomen in der Theoriegeschichte. Vgl. a. a. O.: S. 157 – 168 oder auch 109 – 122. Aber auch andere renommierte Wirtschaftshistoriker haben auf solche Brüche in der Wirtschaftsgeschichte hingewiesen, ohne dass das allerdings nachhaltigen Einfluss auf die moderne Systematik gehabt hätte, z. B.: *Karl Polanyi: The Great Transformation: Politische und ökonomische Ursprünge von Gesellschaften und Wirtschaftssystemen (1944), Frankfurt a. M. 1978.* Auf S. 72 erklärt er z. B., warum es den modernen *„homo oeconomicus"* keineswegs immer schon gab.

[26] Selbst ein ausgewiesener Denker wie Jean Jacques Rousseau verkennt in seiner berühmten Attacke gegen das Privateigentum, dass er gar nicht vom Eigentum

redet, sondern von schlichter Besitzergreifung: „*Dem ersten, dem es in den Sinn kam, ein Grundstück einzuhegen und zu behaupten ‚Das gehört mir', und der Menschen fand, einfältig genug, ihm zu glauben, war der eigentliche Gründer der bürgerlichen Gesellschaft.*" (*Jean Jacques Rousseau: Discours sur l'origine et les fondemens de l'inégalité parmis les hommes, Amsterdam 1755*, zit. nach *Heinsohn/Steiger, S. 98*, vgl. Fußnote 7). Die einen werden schon gewusst haben, wie man so etwas macht, und die anderen werden nur so einfältig gewesen sein zu wissen, wer die Macht hat, und die Gewalt zu fürchten.

[27] Jacques Derrida im in Fußnote 20 genannten Werk *Falschgeld. Zeit geben I.* Bevor er sich der Sache angenommen hatte, wurde die Gabe immer als gegeben vorausgesetzt und keiner hat sich weiter Gedanken darüber gemacht. „*Man könnte sogar so weit gehen, dass selbst ein so monumentales Buch wie der Essei sur le don* (der franz. Titel des in Fußnote 20 angegebenen Werkes) *von Marcel Mauss von allem möglichen spricht, nur nicht von der Gabe.*" (a.a.O., S. 37). Warum? Weil die Gabe des Gegebenen als Ursprung von allem letztlich nicht selbst bereits etwas Gegebenes sein kann und daher auch nicht in der Form, in der man sonst alles, was es bereits gibt und damit gegeben ist, begreiflich ist. Wenn es uns einmal gelingen wird, diese Erkenntnis praktisch umzusetzen, dann werden wir auch ein völlig neues Verständnis von den Ressourcen der Wirtschaft haben – und eine andere Ökonomie.

[28] Vgl.: *Milton Friedman: Capitalism and Freedom, Chicago 1962, S. 32.*

[29] Vgl.: *Susanne Schmidt: Markt ohne Moral. Das Versagen der internationalen Finanzelite, München 2010.* Die Autorin, Tochter des Altbundeskanzlers und Insiderin der Londoner City, schildert so differenziert wie eindrucksvoll, was die Akteure dieser Welt umtreibt (Fußnoten 31 u. 41).

[30] *Walter Benjamin, Gesammelte Schriften, Bd. VI, Frankfurt a.M., S.* 100–103: „*Das Christentum [...] hat nicht das Aufkommen des Kapitalismus begünstigt, sondern es hat sich in den Kapitalismus umgewandelt.*" Hilfreiche Interpretationen u.a. von Norbert Bolz und Birger P. Priddat zu Benjamins Gedanken über Gott und Kapital sowie deren geistigen Zusammenhang finden sich in: *Dirk Baecker (Hrsg.): Kapitalismus als Religion, Berlin 2003.*

IV GEBEN UND NEHMEN ODER – DIE GESELLSCHAFT

[31] Schon das alttestamentarische „*Auge um Auge, Zahn um Zahn*" stellt eine Art Handelsbegrenzung dar, die katastrophalen Entgrenzungen von Gabe-Gegengabe-Proportionen Einhalt zu gebieten trachtete. Man muss also gar nicht so weit in die Ferne vergangener Stammeskulturen zurückblicken, um sich den Kosmos dieser Konflikte zu vergegenwärtigen. Auch die europäische Literatur und Dichtkunst ist voll davon, angefangen bei der griechischen Tragödie über die großen Mythen

des Mittelalters wie etwa das Nibelungenlied über Shakespeare bis hin zum bürgerlichen Roman und Trauerspiel der Moderne. All diese Werke zeigen entweder Konflikte, die aus Verhältnissen zwischen Gabe und Gegengabe, mal in Reinkultur, erwachsen oder, wo diese bereits existierte, in Mischformen mit der Geldwirtschaft. Schade nur, dass sich die Dramaturgen und Regisseure an den Theatern so selten kompetent der Aufklärung der darin liegenden ökonomischen Fragen widmen.

[32] Der schon zitierte (Fußnote 11) Friedrich Nietzsche hat sich im Zusammenhang des *„Thier[s], das versprechen darf"* mit der Vorgeschichte, der Notwendigkeit sowie den Vor- und Nachteilen dieser Berechenbarkeit, die mit dem Kreditwesen des Geldes einhergehen, intensiv und mit großem Erkenntnisgewinn auseinandergesetzt. (A. a. O.: S. 292 u. a.)

[33] Vgl.: *Norbert Bolz: Wo Geld fließt, fließt kein Blut, in: Konrad Paul Liessmann (Hrsg.), Philosophicum Lech – Geld. Was die Welt im Innersten zusammenhält?, Wien 2009, S. 41 – 63.* Ein Klassiker zum Denken des Geldes, der gleichfalls diese Effekte zum Thema hat: *Georg Simmel: Philosophie des Geldes (1900), Frankfurt a. M. 1989.*

[34] Das Mindeste, was es braucht, wenn es auch noch nicht reicht, sind, wie in jedem freien Spiel, Regeln. Eine der systematisch überzeugendsten wissenschaftlichen Rekonstruktionen des Verhältnisses zwischen dem freien Spiel gewinnorientierten Handelns und seines Bedarfs an Institutionen und Regeln, die selbst nicht im Belieben opportunistischer Kalküle stehen: *Karl Homann, Andreas Suchanek: Ökonomik. Eine Einführung, Tübingen 2000.*

[35] *„Ebenso teilen und vervielfältigen sich die Mittel für die partikularisierten Bedürfnisse und überhaupt die Weisen ihrer Befriedigung, welche wieder relative Zwecke und abstrakte Bedürfnisse werden, – eine ins Unendliche fortgehende Vervielfältigung, welche in eben dem Maße eine Unterscheidung dieser Bestimmungen und Beurteilung der Angemessenheit der Mittel zu ihren Zwecken – die Verfeinerung ist."* So schätze bereits *Georg Wilhelm Friedrich Hegel* die Logik der Arbeitsteilung und das, was sie aus den Bedürfnissen macht, ein. (Vgl. Fußnote 19, a. a. O.: S. 349)

[36] Und auch hierzu noch einmal *Hegel: „Die Abstraktion des Produzierens macht das Arbeiten ferner immer mehr mechanisch und damit am Ende fähig, dass der Mensch davon wegtreten und an seine Stelle die Maschine treten lassen kann."* (Vgl. Fußnote 19, a. a. O.: S. 352 f.)

[37] Zum damit einhergehenden Wandel der Gesellschaft schreibt Adam Smith: *„Dann lebt jeder vom Tausch oder wird gewissermaßen zum Kaufmann, und die Gesellschaft selbst wird eigentlich eine Handelsgesellschaft."* In: *Adam Smith: Eine Untersuchung über das Wesen und Ursachen des Volkswohlstandes (1776, 1790),*

Jena 1923, 1. Band, Buch 1, Kapitel 4, S. 28. Ein sehr schönes Buch zu diesem Zusammenhang zwischen Geld und Welt ist: *Jochen Hörisch: Kopf oder Zahl – Die Poesie des Geldes, Frankfurt a. M. 1998*, eine literaturwissenschaftliche Auswertung des Wissens der Dichter und Denker. Spannend zu lesen auch der exzellente Theoriehistoriker der Wirtschaft: *Birger P. Priddat: Produktive Kraft, sittliche Ordnung und geistige Macht. Denkstile der deutschen Nationalökonomie im 18. und 19. Jahrhundert, Marburg 1998.* Wir empfehlen z.B. das Kapitel: *Poetische Weltfamilie/Schöne Haushaltung des Universums. Novalis' Ökonomie aus seinen Fragmenten, S. 79 – 110.*

[38] Vgl.: *Adam Smith: Der Wohlstand der Nationen: eine Untersuchung seiner Natur und seiner Ursachen (1776), München 2005, S. 17.*

[39] Dieses in den Wirtschaftswissenschaften sogenannte *„Agenturproblem"* wird umso gravierender, je weniger der Kunde über die Möglichkeit einer effizienten Kontrolle verfügt. Das ist insbesondere bei intransparenten Geldanlageprodukten der Fall. Ob diese qualitativ in Ordnung sind, ist für den Laien ex ante kaum erkennbar, und ex post ist es zu spät.

[40] Aristoteles hatte deshalb die Wirtschaftsakteure der Gesellschaft in vier archetypische Zielorientierungen unterschieden. Neben dem Streben nach Reichtum, der sogenannten *„pleonexía"*, sind das der *„bíos apolaústikos"*, das Genussleben, der *„bíos politikós"* derer, die Ruhm und Ehre erstreben, und der *„bíos theoretikós"* der philosophischen Menschen, die für das Glück einstehen. Vgl.: *Aristoteles: Nikomachische Ethik, Hamburg 1985, I. Buch, 3. Kap. und X. Buch, 6. u. 7. Kapitel.* Eine Darstellung des ökonomischen Zusammenhanges dieser gesellschaftlichen Lebensarten findet sich in: *Wolf Dieter Enkelmann: Zwischen Ökonomie, Kommerzialität und Idealismus. Das zoon logon echon – Aristoteles' Konzeption des homo oeconomicus, erscheint 2011 in: Matthias Kettner, Peter Koslowski (Hrsg.), Ökonomisierung, Kommerzialisierung, „commercial society", München.* Aber auch in der Soziologie gibt es Beiträge zum Thema, z.B.: *Frank Adloff, Steffen Sigmund: Die gift economy moderner Gesellschaften. Zur Soziologie der Philantropie, in: Frank Adloff, Steffen Mau (Hrsg.), Vom Geben und Nehmen. Zur Soziologie der Reziprozität, Frankfurt a.M. 2005, oder: Pierre Bourdieu: Ökonomisches Kapital – Kulturelles Kapital – Soziales Kapital, in: Derselbe: Die verborgenen Mechanismen der Macht, Schriften zu Politik und Kultur I, Hamburg 1992, S. 49 – 79.*

[41] Es kann an dieser Stelle nicht stark genug betont werden, dass der gesellschaftliche Nutzen des modernen Investmentbankings gegen null geht. Susanne Schmidt stellt in ihrem Buch *„Markt ohne Moral"* (Fußnote 29) heraus, dass die Gewinne im Bankgeschäft im Wesentlichen aus Gebühren und Provisionen bestehen. Bei diesen gebührenträchtigen Geschäften gibt es eine Sell Side (die Verkäufer von Wertpapieren) und eine Buy Side (die Käufer von Wertpapieren). Die Sell Side wird von Investmentbanken dominiert, die Buy Side von Versicherungen, Pensionsfonds, Investmentfonds und den Banken selbst. Verkauft und gekauft werden Wert-

papiere, also zum Beispiel verbriefte Zinsforderungen. Insgesamt handelt es sich um ein riesiges Nullsummenspiel zwischen Sell Side und Buy Side. Hohe Gewinne auf der Sell Side werden mit entsprechenden Verlusten auf der Buy Side bezahlt.

V WERT UND SCHULD DES STAATES

[42] So ist es z. B. *Joseph Alois Schumpeter* ergangen, als er etwa bei *Aristoteles* nur *„decorous, pedestrian, slightly mediocre, and more than slightly pomous common sense"* entdecken konnte. Vgl.: *Joseph Alois Schumpeter: History of Economic Analysis, N.Y. 1954, S. 57.* Landläufig werden etwa auch das aristotelische Konzept des *„homo oeconomicus"*, Platons Konzeption der Weltwirtschaft, die politische Ökonomie des Heraklit oder die der Dichtung (vgl.: *Jochen Hörisch, Kopf oder Zahl*, Fußnote 37) und vieles anderes mehr gar nicht als solche erkannt. Und so weiß kaum einer, welche Ressourcen für ein anderes Denken der Wirtschaft und zur Lösung der gegenwärtig anstehenden Probleme in diesen Traditonen geborgen sind. Vgl.: *Wolf Dieter Enkelmann: Wirtschaft denken. Die Spur der antiken philosophischen Ökonomik, Online-Publikation (pdf), Hrsg.: Institut für Wirtschaftsgestaltung München, www.ifwo1.de/forschung.html/#texte*

[43] Vgl.: *Wolf Dieter Enkelmann, Zwischen Ökonomie, Kommerzialität und Idealismus. Das zoon logon echon – Aristoteles' Konzeption des homo oeconomicus,* (Fußnote 40).

[44] Vgl.: *Wolf Dieter Enkelmann, Europa – nichts als ein Versprechen* (Fußnote 11).

[45] Vgl.: *Axel Börsch-Supan: Die Selbstbedienung der Mitte im Jetzt, in: Frankfurter Allgemeine Zeitung, 7.5.2010, S. 14.*

[46] Die Differenz zwischen den Realzinsen zehnjähriger Staatsanleihen und dem Wirtschaftswachstum entwickelte sich im Euro-Raum seit dem Zweiten Weltkrieg wie folgt: Von 1946 – 1958: -0,36 %; von 1959 – 1971: -3,15 %; von 1972 – 1981: -2,87 %; von 1982 – 1991: +2,3 %; von 1992 – 2001: +2,13 %; von 2002 – 2009: +1,95 %. (Quelle: OECD, Institut für Vermögensaufbau. Vgl.: *Andreas Beck, Bessere Strategie, in: ETF Magazin, 5.7.2010, S. 18 – 22.*) Das bedeutet: Bis 1981 war das inflationsbereinigte Wirtschaftswachstum höher als das inflationsbereinigte Zinsniveau – die Zinsen konnten aus dem Wachstum finanziert werden. Seit 1982 kippte diese Relation. Seitdem sind die inflationsbereinigten Zinsen höher als das Wachstum.

[47] Die sogenannte bereinigte Lohnquote (Anteil der Arbeitnehmerentgelte am Volkseinkommen, wobei u. a. die Effekte des Strukturwandels der Landwirtschaft herausgerechnet wurden) ist von 1976 – 2006 zum Beispiel in Deutschland von 72 % auf 62,4 % gefallen. Inwieweit dies direkt eine Folge einer innergesellschaftlichen Umverteilung darstellt, ist allerdings umstritten. Alternative Erklärungsansätze sehen eine Ursache im Niedergang des Lohnanteils in der Globalisierung.

Vgl.: *Der Neoliberalismus belohnt seine Fürsprecher, in: Le Monde diplomatique, Atlas der Globalisierung 2009, S. 68–69*, und *Michael Grömling, Die Lohnquote – ein statistischer Artefakt und seine Interpretationsgrenzen, in: IW-Trends – Vierteljahresschrift zur empirischen Wirtschaftsforschung aus dem Institut der deutschen Wirtschaft Köln, Heft 1/2006.*

VI DIE MORAL VON DER GESCHICHTE

[48] Bemerkenswert ist, dass dennoch eine ganze Industrie mittels *„konservativer Vermögensverwaltung"* versucht, vermögenden Menschen ihren Wunsch nach langfristiger Sicherheit zu erfüllen. Tatsächlich kann niemand diesen Wunsch erfüllen. Alle Vermögenswerte können in der Zukunft wertlos sein, niemand weiß es. Alle Vermögenswerte setzen darauf, dass die kommende Generation bereit ist, die Eigentumsansprüche der vorhergehenden zu respektieren und die daraus resultierenden Versorgungsansprüche zu befriedigen. Das ansehnlichste Barvermögen ist erst einmal nichts anderes als ein Haufen Papierscheine mit mäßigem Heizwert. Ob man dafür in der Zukunft noch Realgüter erwerben kann, kann keiner garantieren. Auch eine scheinbar noch so sichere Immobilie besitzt ihren Wert letztendlich nur aufgrund einer Eintragung im Grundbuch. Und das ist genauso ein fragiler Rechtsanspruch, wie ihn Geld verbürgt. Die Pensionsansprüche stehen auf gleich dünnem Eis, auch hier landen wir bei einem Rechtsanspruch, der in der Zukunft noch Gültigkeit haben kann oder auch nicht. Denen, die besonders heftig von der Angst um ihr Vermögen umgetrieben sind, empfehlen findige Vermögensverwalter, Gold zu kaufen – für alle Fälle. Aber auch damit lässt sich Sicherheit nicht kaufen. Warum sollte in der nächsten existenziellen Krise jemand bereit sein, Essen gegen Gold zu tauschen? Essen hat einen offensichtlichen Nutzwert, Gold ist hingegen eine gelbe Münze oder ein gelber Block, der zwar einiges wiegt und nicht rostet und vielleicht hübsch anzusehen ist, aber damit anfangen kann man bei Licht betrachtet, wenn es ernst wird, nichts. Da Gold nicht verbraucht wird, wie zum Beispiel Öl oder Gas, ist alles jemals geförderte Gold immer noch da. Niemand kann das Gold verwenden, sodass es nur sinnlos in den Tresoren dieser Welt herumliegt. In der nächsten Krise könnte man sich dessen bewusst werden. Das Argument, dass Gold wertstabil sein wird, weil es immer schon so war, ist nach Abschaffung des Goldstandards in den 80er Jahren nur noch ein Scheinargument. Nimmt man es ernst, so wäre es noch besser, Zigarettendepots anzulegen – das war nach dem Weltkrieg immer noch die beste Währung, um an Lebensmittel zu kommen. Vgl. zur Problematik langfristiger Sicherheitsaspekte in der Vermögensverwaltung: *Andreas Beck, Gabriel Layes: Mit Sicherheit zu wenig: Das Dilemma der privaten Altersvorsorge, Studie des Instituts für Vermögensaufbau, München 2010.*

[49] Vgl.: *Adam Smith: Der Wohlstand der Nationen: eine Untersuchung seiner Natur und seiner Ursachen (1776), München 2005.*

50 Auch wenn dieses Beispiel aus dem wirklichen Leben gut passt, so möchten wir doch anmerken, dass es in gewisser Hinsicht Zufall war, dass gerade Lehman-Zertifikate wertlos geworden sind. Gleiches hätte mit vielen anderen Bankanleihen und Zertifikaten passieren können. Dass am Ende Lehman Brothers vom Staat nicht gerettet wurde, andere wie die AIG oder die Hypo Real Estate hingegen schon, kann einem Anlageberater kaum vorgeworfen werden. Das war für niemanden vorhersehbar.

51 Vgl. zu guter Letzt auch hier wie in Fußnote 40: *Frank Adloff, Steffen Mau (Hrsg.): Vom Geben und Nehmen. Zur Soziologie der Reziprozität, Frankfurt a. M. 2005,* und: *Pierre Bourdieu: Ökonomisches Kapital – Kulturelles Kapital – Soziales Kapital, in: Derselbe: Die verborgenen Mechanismen der Macht, Schriften zu Politik und Kultur I, Hamburg 1992, S. 49 – 79.*

52 Es bleibt noch darauf hinzuweisen, dass sich mit der Finanzkrise nichts, aber auch gar nichts an diesem Falschspiel geändert hat. Wie Susanne Schmidt in *„Markt ohne Moral"* (Fußnote 29) anführt, betrugen zum Beispiel die Gehälter bei Goldman Sachs 2009 schon wieder 16,2 Milliarden Dollar, was einem Durchschnittsgehalt von ca. 500.000 Dollar p.a. entspricht. Wahre Glücksritter sehen anders aus.

AUTOREN, KÜNSTLER UND WERKNACHWEISE

ANDREAS BECK

Dr. phil., Dipl.-Mathematiker, Vorstand des Instituts für Vermögensaufbau, welches auf die Entwicklung von Risikomodellen und Ratingverfahren für den Finanzmarkt spezialisiert ist. Er ist als Gastdozent und Autor zahlreicher Veröffentlichungen in der Fachpresse dafür bekannt, über die Horizonte seiner Branche hinaus zu denken. Sein besonderes Interesse gilt dabei dem Wechselspiel von Politik, Gesellschaft und Kapitalmarkt.

Kontakt: ab@institut-va.de, www.institut-va.de

WOLF DIETER ENKELMANN

Dr. phil., Direktor des Münchner Instituts für Wirtschaftsgestaltung, der deutschen Anlaufstelle für wirtschaftsphilosophische Forschung, Lehrbeauftragter für philosophische Ökonomik am Philosophie Department der Ludwig-Maximilians-Universität München und gemeinsam mit Birger P. Priddat Herausgeber der „Reihe Wirtschaftsphilosophie" im Metropolis-Verlag Marburg. Zahlreiche Publikationen belegen sein Engagement für neue Ansätze in Theorie und Praxis des Wirtschaftens.

Kontakt: wd.enkelmann@ifw01.de, www.ifw01.de

NICOLE WIEDINGER

Mitarbeiterin im Institut für Wirtschaftsgestaltung und Leiterin des „Wirtschaftsphilosophischen Clubs", in dem regelmäßig Wirtschaftspraktiker, Wissenschaftler und Mitglieder der Kulturelite über allgemeine und akute Fragen des Wirtschaftslebens diskutieren. Sie hat dieses Buch gestaltet, die Künstler ausgewählt und für dieses Projekt gewonnen. Außerdem stammen die Bildtexte und die Bildszenen aus dem Berliner Regierungsviertel auf S. 41 und S. 42 von ihr.

Kontakt: n.wiedinger@ifw01.de, www.ifw01.de

DANKSAGUNG

„Wenn die Philosophie ihr Grau in Grau malt, dann ist eine Gestalt des Lebens alt geworden, und mit Grau in Grau lässt sie sich nicht verjüngen, sondern nur erkennen; die Eule der Minerva beginnt erst mit der einbrechenden Dämmerung ihren Flug“, so G.W.F. Hegel in der Vorrede zur Rechtsphilosophie, erkennbar mit Lust auf einen neuen Tag, zu dem die Welt im Lichte neuer Erkenntnis erwachen möge. Die Wirklichkeit verändern, Neuland betreten – das obliegt der Kunst. Dieses Buch will beides verbinden und benötigte dafür viele Helfer. Wir bedanken uns ganz herzlich bei den Künstlerinnen und Künstlern Yolanda del Amo, Thomas Weinberger, Hartmut Nägele, Peter von Felbert und Alexandra Vogt.

YOLANDA DEL AMO

Yolanda del Amo studierte an der Universität zu Köln (Diplom in Mathematik 1993) und der Rhode Island School of Design (Master of Fine Arts, Photography 2004). Heute lebt und arbeitet die Künstlerin in New York. Sie ist Professorin für Photographie am Ramapo College of New Jersey. Yolanda del Amos Arbeiten sind mehrfach ausgezeichnet und weltweit in Ausstellungen vertreten. So wurden sie 2010 z.B. in Syracuse New York (Einzelausstellung „Archipelago“, Robert B. Menschel Photography Gallery) gezeigt sowie in den Gruppenausstellungen: „All my Lovin'“ (Fotofestival Lodz, Poland), „Transit“ (Real Academia de Espana, Rome) und „Outwin Boochever“ (Portrait Competition 2009, National Portrait Gallery, Washington D.C.). Die Bilder der Künstlerin sind in verschiedenen Sammlungen vertreten wie etwa in der Fundación Universidad Complutense, Madrid.

Bilder in diesem Buch: S. 13: „Marisol, Javier“, 2008, Digital C-Print, 111 x 132 cm, und „Claudia, Peter, Luna“, 2006, Digital C-Print, 100 x 120 cm. S. 14: „Minou, David“, 2006, Digital C-Print, 121 x 152 cm. S. 65: „Anabel, Paula, Clara“, 2006, Digital C-Print, 121 x 152 cm.

Kontakt: yolanda.delamo@gmail.com, www.yolandadelamo.com

THOMAS WEINBERGER

Thomas Weinberger studierte Architektur an der TU München (Diplom 1994) und an der Facoltá di Architettura della Universitá di Sapienza Rom. Bevor er sich gänzlich der Photographie widmete, war er als Architekt tätig. Er ist immer wieder als Gastdozent an Universitäten engagiert. Thomas Weinbergers Arbeiten werden international in Ausstellungen gezeigt. Zuletzt u.a. in „Dreamlands" (mit Diane Arbus, Maurizio Cattelan, Andreas Gursky, Thomas Struth u.a.) im Centre Pompidou, Paris und in „Oh crisis" (kuratiert von N. Van Dijk und J. Grandjean, Huize Frankendael), Amsterdam. Seine Arbeiten sind in namhaften Sammlungen vertreten, so z.B. in der Sammlung der Münchner Rückversicherung. Er lebt und arbeitet in München.

Bilder in diesem Buch: Titelbild „Marina Dubai" 2006, 125 cm x 160 cm, C-Print, Diasec auf Glas. S. 20: „Burj Dubai" 2006, 125 cm x 150 cm, C-Print, Diasec auf Glas: S. 22: „History Rising", Dubai 2006, 125 cm x 162 cm, C-Print, Diasec auf Glas, und S. 22: „Marina Dubai" 2006, 125 cm x 160 cm, C-Print, Diasec auf Glas.

Kontakt: studio@thomasweinberger.com, www.thomasweinberger.com

HARTMUT NÄGELE

Hartmut Nägele studierte an der Universität Essen (Diplom 1997) bei Prof. Inge Osswald Photographie und am San Francisco Art Institute. Heute lebt und arbeitet er in Düsseldorf. Neben seiner künstlerischen Arbeit ist er über die Jahre außerdem für seine Wirtschaftsportraits bekannt geworden. Industrieunternehmen wie Thyssen-Krupp, Heidelberger Druckmaschinen oder Automobilunternehmen wie Rolls Royce, Bentley und Bugatti gehören zu seinen Auftraggebern. Seine Arbeiten haben mehrfach Preise gewonnen, so z.B. den „Reinhart Wolf Preis", Hamburg, und den „Prix Kodak des Écoles Européennes d'Art et de Photographie", Arles.

Bilder in diesem Buch: S. 27 und S. 28, alle „o.T." und weitere Angaben.
Kontakt: mail@hartmutnaegele.de, www.hartmutnaegele.de

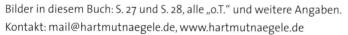

PETER VON FELBERT

Peter von Felbert war 1981 bis 1986 Schüler bei Joseph van der Grinten. Danach studierte er bis 1994 Photographie an der Universität Bielefeld. Seit 1986 unternimmt er Reisen nach Ägypten, Australien, Brasilien, Fidschi, Indien, Israel, Jamaika, Kanada, Marokko, Mexiko, Nepal, Senegal, Südafrika, Tuvalu, in die USA und zu den Philippinen. Er lebt und arbeitet in München. Peter von Felberts photographische Tätigkeit erstreckt sich über die Bereiche Journalismus, Portrait, Werbung und künstlerische Photographie. Seine Arbeiten sind vielfach ausgezeichnet und regelmäßig in Ausstellungen zu sehen. So z. B. 2010: „Alpen", Galerie Wittenbrink München.

Bilder in diesem Buch: Aus der Serie „Alpen", S. 34 : „o.T.", Inkjetdruck auf Hahnemühle Photo Rag, 40 x 60 cm. S. 36: „o.T.", Inkjetdruck auf Hahnemühle Photo Rag, 120 x 180 cm, und „o.T.", Inkjetdruck auf Hahnemühle Photo Rag, 40 x 60 cm, sowie „o.T.", Inkjetdruck auf Hahnemühle Photo Rag, 40 x 60 cm. S. 67: „o.T.", Inkjetdruck auf Hahnemühle Photo Rag, 120 x 180 cm.

Kontakt: peter@felbert.de, www.felbert.de

ALEXANDRA VOGT

Alexandra Vogt studierte an der Akademie der bildenden Künste München, am Goldsmith College London, an der Glasgow School of Art und an der Kosthögskolan Stockholm. Heute lebt und arbeitet sie zeitweise mit ihren Pferden in einem Ex-Milchwerk in Kammlach. Alexandra Vogt ist Malerin und Fotografin und mit ihren Werken international in Ausstellungen vertreten. Die letzten Einzelausstellungen waren 2009 „myponyplay", Künstlerhaus Marktoberdorf (kuratiert von Annette Scholl), „KUB Billboards", Kunsthaus Bregenz, und 2010 „Malerei – Video – Fotografie", Galerie Jordanow München.

Bilder in diesem Buch: S. 6: „o.T." 2006. S. 48: „o.T." 2006 . S. 50: „o.T." 2009 und S. 67: „o.T." 2009

Kontakt: Elka Jordanow, jordanow@galerie-jordanow.de, www.galerie-jordanow.de

IMPRESSUM

wahnsinnig reich.
Das Buch über Geld, die Krise und
die moderne Gesellschaft
Andreas Beck, Wolf Dieter Enkelmann

context verlag, Augsburg
ISBN 978-3-939645-34-4
1. Auflage, November 2010

Produktion:
concret WA GmbH, Augsburg

Gestaltung:
Nicole Wiedinger, IfW Servicebüro

Fotografie:
Yolanda del Amo
Thomas Weinberger
Hartmut Nägele
Peter von Felbert
Nicole Wiedinger
Alexandra Vogt

Bibliografische Information
der Deutschen Bibliothek.

Die Deutsche Nationalbibliothek verzeichnet
diese Publikation in der Deutschen National-
bibliografie, detaillierte bibliografische Daten
sind im Internet über http://dnb.d-nb.de abrufbar.

ISBN 978-3-939645-34-4
© context verlag, Augsburg 2010
www.context-mv.de